UNA PROPUESTA ALTERNATIVA PARA UN NUEVO RÉGIMEN PENAL APLICABLE A LAS PERSONAS CON ENFERMEDAD MENTAL O CON DISCAPACIDAD INTELECTUAL

Grupo de Estudios de Política Criminal

Juezas y Jueces
para la **Democracia**

Edita: Grupo de Estudios de Política Criminal
Universidad de Jaén
Universidad de Córdoba
Juezas y Jueces para la Democracia

Distribuye: Tirant lo blanch. C/. Artes Gráficas, 14 bajo dcha. 46010 - Valencia
Venta electrónica: tb@tirant.com

Diseño y maquetación: **HERHEY!**
Imprime: La Imprenta CG
ISBN: 978-84-1197-410-3
DEPÓSITO LEGAL: V-2726-2023

ÍNDICE

PRESENTACIÓN

El Grupo de Estudios de Política criminal se ha caracterizado a lo largo de más de tres décadas por su interés en reflexionar y elaborar criterios sobre ámbitos de política criminal problemáticos, sea porque en la sociedad aún no existía acuerdo sobre cómo abordar ciertos fenómenos sociales, sea porque las decisiones adoptadas por nuestros legisladores se consideraban erróneas y no acordes con una visión progresista del control social penal. Todo ello ha llevado con frecuencia a formular propuestas innovadoras, que han ido contracorriente de las opiniones más convencionales.

La elección del tema objeto de este volumen se integra fácilmente en este contexto, el régimen jurídico-penal de las personas con enfermedad mental o discapacidad intelectual. La atención del Grupo de estudios de Política criminal se ha dirigido en esta ocasión hacia un componente fundamental que debe afrontar cualquier política criminal de un país que se considere avanzado como el nuestro.

Los documentos que se presentan constan, en primer lugar, de un Manifiesto, aprobado en una sesión plenaria celebrada en Madrid el 20 de noviembre de 2021, y en el que se describe la situación insatisfactoria en la que nos encontramos y se proponen vías para resolverla. En segundo lugar, se recogen tres propuestas alternativas. El primer documento es una Propuesta alternativa de regulación de la respuesta penal sustantiva, en la que se hace especial hincapié en la adecuada regulación de la medida de seguridad de internamiento.

El segundo documento se centra en la respuesta penitenciaria, en la efectiva ejecución de las medidas de internamiento. Debido a la escasez de recursos, nos encontramos ante la saturación de los pocos establecimientos psiquiátricos penitenciarios que hay en España, lo que conlleva una alta prevalencia en las prisiones ordinarias de personas con todo tipo de problemas de salud mental. Es por ello que se propone una regulación alternativa de la Ley orgánica general penitenciaria, así como del reglamento que la desarrolla, de cara a afrontar de una vez por todas la situación de vulnerabilidad que presenta el colectivo objeto de estudio.

Por último, el tercer documento consiste en la regulación de la respuesta procesal a las personas con enfermedad mental o discapacidad intelectual, lo que ha supuesto plantear la modificación de no pocos preceptos de la Ley de enjuiciamiento criminal actualmente vigente para abordar los problemas que se plantean tanto en la fase de instrucción, como en la fase del plenario o en la inmediatamente posterior a la sentencia. Con respecto a las carencias señaladas de orden procesal, el Anteproyecto de Ley de Enjuiciamiento Criminal de 2020 incorpora un nuevo estatuto de las personas con trastornos mentales o discapacidades intelectuales que ofrece un modelo acorde al planteamiento plasmado en nuestra propuesta.

No podemos dejar de valorar la costosa tarea que ha supuesto la coordinación de las tres propuestas que aquí se presentan y que fueron discutidas y aprobadas en La Coruña, Madrid y Málaga, en la primavera e invierno del 2022 y la primavera del 2023, respectivamente.

El Grupo de estudios de Política criminal, constituido por caso dos centenares de expertos en Derecho penal procedentes de la Magistratura y la Universidad, aspira a continuar teniendo la presencia que le corresponde por la alta cualificación de sus miembros y por el interés que ha demostrado por la pervivencia de los valores fundamentales que han de inspirar una legislación penal moderna y democrática, sin concesiones a la demagogia y pensando siempre en el servicio a la ciudadanía y a sus libertades. Como siempre, sólo nos queda desear que los materiales aportados se consideren de utilidad en un tema tan relevante, y puedan en último término ser objeto de seria consideración por los agentes políticos con competencia para regular esta materia.

La Junta directiva.

MANIFIESTO PARA UN NUEVO RÉGIMEN PENAL APLICABLE A LAS PERSONAS CON ENFERMEDAD MENTAL O CON DISCAPACIDAD INTELECTUAL

I. La reacción penal frente a los hechos delictivos de las personas que presentan trastornos mentales o discapacidad intelectual ha sido tradicionalmente excesiva y aun en la actualidad continúa siéndolo en varias de sus manifestaciones. La Constitución Española obliga a tratar a todas ellas como sujetos dotados de dignidad humana y la Convención internacional sobre los derechos de las personas con discapacidad (2006) y la Recomendación de la Comisión Europea sobre garantías procesales para personas vulnerables sospechosas o acusadas en procesos penales (2013) suponen un cambio de paradigma en el tratamiento de estas personas.

Ciertamente, con el Código penal de 1995 tuvo lugar una profunda transformación del régimen de las medidas de seguridad aplicables a las personas afectadas por una anomalía o alteración psíquica. Frente a la tradicional desconsideración de los derechos subjetivos de la persona "enajenada", el automatismo de la imposición de la medida de internamiento, la rigidez de su aplicación y su indeterminación temporal, el nuevo Código impuso para todas las medidas de seguridad el requisito de la peligrosidad criminal e incorporó la garantía de su proporcionalidad con la pena abstractamente aplicable al hecho, así como el límite temporal a la duración de todas las medidas. Además, estableció expresamente el principio de legalidad de las medidas en sus manifestaciones relativas a la previsibilidad de su presupuesto, la prohibición de su retroactividad y las garantías jurisdiccional y de ejecución, y amplió considerablemente el catálogo de las alternativas al internamiento flexibilizando las posibilidades. Aunque la nueva regulación supuso un avance, no dejaba de suscitar nuevos problemas debidos, sobre todo, a la vaguedad del presupuesto de la peligrosidad criminal, a la relativa e insatisfactoria determinación temporal de las medidas con parámetros de culpabilidad y al frecuente uso de las medidas de seguridad como un instrumento asegurativo o de prevención.

II. En la práctica, los problemas más graves que suscitan las medidas de seguridad se observan con ocasión de su aplicación y ejecución. La relegación de los fines resocializadores se debe, en primer lugar, a la insuficiencia de recursos humanos y materiales para el cumplimiento de la medida de internamiento y otras medidas no privativas de libertad y, en segundo lugar, a una normativa que resulta rígida, con lagunas notorias y claramente insuficiente para contemplar las diversas situaciones en las que puede hallarse en el ámbito penal una persona con trastorno mental o discapacidad intelectual. Estos factores hacen que el cumplimiento de la medida de internamiento resulte a menudo, no ya materialmente como el de una pena, sino incluso más aflictivo, ignorándose así los límites fijados en el art. 6.2 CP.

III. La escasez de los recursos se pone de manifiesto en el exiguo número y la saturación de establecimientos y unidades psiquiátricos penitenciarios, en la insuficiencia de personal sanitario especializado y en la defectuosa coordinación entre la administración penitenciaria y la red asistencial comunitaria. Esta situación genera una alta prevalencia en la prisión de personas con todo tipo de problemas de salud mental. Por un lado, debida a la no detección de trastorno mental una vez iniciada la ejecución de la pena en centro penitenciario y, por otro, al cumplimiento de medidas de seguridad en establecimientos penitenciarios ordinarios. Todo ello hace a estos sujetos más vulnerables.

El GEPC considera que es necesario contar con más recursos no penitenciarios para el tratamiento de estos casos, así como con la garantía de asistencia social postpenitenciaria de carácter psiquiátrico, para que los enfermos cuya situación personal y procesal lo permita puedan ser integrados en los programas de rehabilitación y en las estructuras intermedias existentes en el modelo comunitario de atención a la salud mental (art. 185.2 RP).

La falta de un compromiso serio de carácter asistencial y no meramente asegurativo como corresponde a un Estado de bienestar lleva además a un redoblado efecto de rigor excesivo por parte del sistema penal que se plasma en el abuso de la medida de internamiento ante la falta de programas de cumplimiento de las medidas de seguridad no privativas de libertad. Así, en muchas ocasiones, se recurre al internamiento por la previsibilidad de la forma de su ejecución, pero no solo cuando fuere necesario, como exige el art. 101 del Código Penal. Esta limitación dificulta igualmente la sustitución de las medidas de internamiento durante la ejecución de las sentencias por otras no privativas de libertad.

IV. En lo que al ámbito penal sustantivo se refiere, la imposición de una medida de seguridad privativa de libertad siempre que el delito lleve aparejada una pena privativa de libertad puede dar lugar a internamientos de corta duración, ineficaces para la consecución del fin para el que están previstos. En consecuencia, respecto de los delitos de menor gravedad debieran tenerse en cuenta otros criterios. Además, el límite temporal general de las medidas marcado por "la pena abstractamente aplicable" (art. 6.2 CP) en la práctica resulta excesivamente indeterminado. Y existen problemas para efectuar la comparación con penas no temporales, así como cuando la pena de referencia es la de prisión permanente revisable. Para solucionar estos problemas es necesario contar con nuevos parámetros que limiten la aplicabilidad de las medidas de un modo coherente con sus fines y con las garantías constitucionales.

Con respecto al lugar de internamiento, la genérica referencia legal a "un establecimiento adecuado al tipo de anomalía o alteración psíquica" (art. 101.1 CP) propicia en la práctica la inercia de decretar el internamiento penitenciario y no el cumplimiento de la medida en hospitales del sistema de salud comunitario. Parece urgente, a la vista de las características que presentan los internos en los establecimientos psiquiátricos penitenciarios, limitar estos para los casos más extremos.

En el orden sustantivo se observan también otras deficiencias que deben ser corregidas. Así, a similitud de lo que pasaba antes con las faltas, no deberían imponerse medidas de seguridad en los casos de delitos leves. Además, se plantean problemas de concurrencia de medidas de seguridad sin solución legal. Y requiere una solución práctica el régimen de los efectos derivados tanto de la negativa al sometimiento al tratamiento médico como de los casos de abandono del inicialmente consentido, superando la ineficiente respuesta actual de los artículos 106.1.k) y 100.3 del Código Penal.

V. El actual déficit de previsión normativa se evidencia en las distintas situaciones en las que puede encontrarse una persona que presente un trastorno mental o discapacidad intelectual y que haya podido cometer un hecho presuntamente delictivo.

A. En la fase de instrucción no se prevé legalmente en la actualidad la medida cautelar de internamiento psiquiátrico. Si el trastorno mental existe desde el momento de realizarse el hecho, al igual que cuando el trastorno se manifiesta ex novo, el juez debe inmediatamente someter a la persona a observación médico-forense [art. 381 LECrim y art. 184 a) RP], pero la ley no dice cómo se procederá en adelante. En la práctica, la necesidad de internar al sujeto ha llevado en frecuentes ocasiones a dictar prisión preventiva (art. 503 LECrim). Sin embargo, esta solución es muy insatisfactoria por los efectos perjudiciales que puede provocar en el estado mental del sujeto y por la vulneración de garantías constitucionales que ello comporta.

Tampoco es aceptable que la ley permita "si la demencia sobreviniera después de cometido el delito" archivar la causa hasta que el procesado recobre la salud y que se disponga con respecto al encausado "lo que el Código Penal prescribe para los que ejecutan el hecho en estado de demencia" (art. 383 LECrim), pues esto último resulta incompatible con lo que establece el art. 3.1 del Código Penal, que exige una sentencia firme para poder ejecutarse una medida de seguridad. Además, tal archivo, se ha dicho con razón, es incoherente con el sometimiento a juicio de quien resulta claramente inimputable desde el momento del hecho. Y, en todo caso, cabe preguntarse si en los casos de enfermedad mental sobrevenida hay base legal de fondo para la adopción de la medida, si el presupuesto de la misma es la peligrosidad criminal "exteriorizada en la comisión de un hecho previsto como delito" (art. 6.1 CP), en ese estado. Es decir, cuando el delito no ha exteriorizado la peligrosidad al haber sido la enfermedad mental sobrevenida. Por ello, deben plantearse alternativas para estos casos.

B. En la fase de instrucción y de plenario es imprescindible una mayor especialización del personal médico forense adscrito a los juzgados que favorezca la correcta valoración de la prueba sobre el estado mental del acusado.

C. En la fase inmediatamente posterior a la sentencia absolutoria, pendiente aún de que alcance firmeza, también se aprecia un "vacío normativo", cuando se decreta la medida de internamiento psiquiátrico para el tratamiento del sujeto cuya inimputabilidad ha sido reconocida en la resolución judicial. El Tribunal Constitucional ha sido muy claro al respecto, al decir que hasta que por ley orgánica no se regule la medida de internamiento en centro psiquiátrico, no será posible privar provisionalmente de libertad al acusado absuelto en sentencia por la eximente del art. 20.1 del Código Penal. Tampoco, por supuesto, aunque hubiera sido ya sometido a prisión preventiva, prorrogándose esta, pues el art. 504.1 de la Ley de Enjuiciamiento Criminal se refiere solo al límite temporal de esta medida con respecto a la pena impuesta. Sin embargo, ello ha tenido lugar en la práctica en diversas ocasiones. En rigor, la única posibilidad es acudir al internamiento civil, si bien este remedio no resulta adecuado en casos de alta peligrosidad. Debe tenerse en cuenta que, además, los casos de semiimputabilidad no son contemplados en absoluto por la legislación vigente y demandan igualmente una solución legal adecuada.

D. En la fase de ejecución, en casos de trastornos mentales graves y duraderos "apreciados" durante el cumplimiento de la pena, el art. 60 del Código Penal dispone que se suspenderá la ejecución de la pena privativa de libertad y que se podrá suspender la ejecución de penas de otra naturaleza y decretar la imposición de una medida de seguridad correspondiente conforme a las reglas de los arts. 101 y ss. del Código Penal. De nuevo aquí debe observarse que ello, sin embargo, no es conforme con la razón de la medida basada en la peligrosidad "exteriorizada en la comisión de un hecho previsto como delito" (art. 6.1. CP), pues en estos casos el delito fue cometido en condiciones de imputabilidad normal; naturalmente, salvo si el trastorno o la discapacidad intelectual no fue detectado con antelación y acompañó al sujeto durante la comisión del hecho típico, suceso frecuente en estos últimos casos. Y se ha advertido, con razón, de que puede comportar una forma encubierta de seguir adelante con la ejecución de la pena. Pero, además, la solución legal comporta un defecto de legalidad al conducir a que la medida se aplique por medio de un auto. Y, al igual que en otras ocasiones, la ley no abarca las situaciones de discapacidad intelectual ni contempla los trastornos mentales incompletos.

En la ejecución de la medida prevalecen criterios penitenciarios, pero limitadamente, de un modo que es desfavorable para el sujeto sometido a internamiento psiquiátrico hasta el punto de poder hacer preferible en ocasiones el régimen penitenciario de cumplimiento de una pena de prisión. En efecto, la no clasificación en grado, el no acceso a permisos, así como las limitaciones que afectan al régimen de las comunicaciones, las visitas y las limitadísimas posibilidades para traslados determinan un régimen que en la práctica aunque puedan existir remedos en el régimen de un psiquiátrico, como las salidas terapéuticas puede resultar más riguroso que el de los sujetos sometidos a penas privativas de libertad.

Por todo ello, debe hacerse un esfuerzo para alcanzar un régimen de individualización de las respuestas y de su ejecución acorde con criterios preferentemente médicos y, en su caso, de manera semejante a los derechos reconocidos a los penados, cuidando evitar, en particular, el desarraigo de las personas con enfermedad mental o discapacidad intelectual de sus familias y de su entorno.

VI. Con respecto a las carencias señaladas de orden procesal, el Anteproyecto de Ley de Enjuiciamiento Criminal de 2020 incorpora un nuevo estatuto de las personas con trastornos mentales o discapacidades intelectuales que aborda la mayoría de las cuestiones anteriormente planteadas. El modelo que ofrece consideramos que ese halla en la dirección correcta, por lo que instamos a que esta iniciativa siga adelante.

VII. Razones de igualdad de trato y de humanidad obligan a transformar en todo aquello que sea posible el vigente paradigma de la peligrosidad presente en la regulación, aplicación y ejecución de las medidas de seguridad de internamiento con criterios de estricta necesidad terapéutica y asistencial, al igual que el resto de respuestas que el sistema penal dispone para las personas con trastornos mentales o discapacidad intelectual. A propósito de la transformación que deriva del reconocimiento de la dignidad y los derechos de las personas en los términos señalados, es oportuno plantear la conveniencia de un nuevo enfoque renunciando en estos casos, en la medida de lo posible, a la denominación de “medidas de seguridad” para hablar en adelante de “medidas asistenciales y rehabilitadoras”, claramente expresivas de la nueva orientación que se propone.

Todo ello, por supuesto, sin olvidar la importancia de realizar decididas intervenciones públicas dirigidas a alcanzar la igualdad material de todas las personas a la vista de la influencia que poseen en el delito las situaciones de escasez de recursos personales y materiales y, en general, el contacto con ambientes familiares o sociales en circunstancias desfavorecidas.

En Madrid, a 20 de noviembre de 2021

FIRMANTES

Abel Souto, Miguel.
Universidad de Santiago de Compostela.

Alonso Rimo, Alberto.
Universidad de Valencia.

Baucells Lladós, Joan.
Universidad Autónoma de Barcelona.

Benítez Jiménez, María José.
Universidad de Málaga.

Benito Sánchez, Demelsa.
Universidad de Deusto.

Borja Jiménez, Emiliano.
Universidad de Valencia.

Carbonell Mateu, Joan Carles.
Universidad de Valencia.

Cardenal Montraveta, Sergi.
Universidad de Barcelona.

Cerezo Domínguez, Anabel.
Universidad de Málaga.

Corcoy Bidasolo, Mirentxu.
Universidad de Barcelona.

Daunis Rodríguez, Alberto.
Universidad de Málaga.

De la Mata Barranco, Norberto.
Universidad del País Vasco.

De Vicente Martínez, Rosario.
Universidad de Castilla La Mancha.

Del Carpio Delgado, Juana.
Universidad Pablo de Olavide.

Díaz y García Conlledo, Miguel.
Universidad de León.

Díez Ripollés, José Luis.
Universidad de Málaga.

Doval Pais, Antonio.
Universidad de Alicante.

Etxebarria Zarrabeitia, Xabier.
Universidad Complutense de Madrid.

Fábrega Ruiz, Cristóbal.
Fiscalía de Jaén.

Faraldo Cabana, Patricia.
Universidad de A Coruña.

Fernández Bautista, Silvia.
Universidad de Barcelona.

Fernández Hernández, Antonio.
Universidad Jaume I.

Fuentes Osorio, Juan Luis.
Universidad de Jaén.

García Álvarez, Pastora.
Universidad Pablo de Olavide.

García Arán, Mercedes.
Universidad Autónoma de Barcelona.

García del Blanco, Victoria.
Universidad Rey Juan Carlos.

García Magna, Deborah.
Universidad de Málaga.

García Ruiz, Ascensión.
Universidad Complutense de Madrid.

Gil Nobajas, María Soledad.
Universidad de Deusto.

Giménez Ortiz de Zárate, Urko.
Magistrado Instrucción nº 7 Bilbao.

Gómez Martín, Víctor.
Universidad de Barcelona.

González Vega, Ignacio.
Audiencia Provincial de Madrid.

Iglesias Río, Miguel Ángel.
Universidad de Burgos.

Lamarca Pérez, Carmen.
Universidad Carlos III.

Martín Pallín, José Antonio.
Tribunal Supremo.

Martínez Garay, Lucía.
Universidad de Valencia.

Matallín Evangelio, Ángela.
Universidad de Valencia.

Miró Llinares, Fernando.
Universidad Miguel Hernández.

Montijano Serrano, Francisco.
Fiscalía de Málaga.

Navarro Blasco, Eduardo.
Audiencia Provincial de Barcelona.

Ortiz de Urbina Gimeno, Iñigo.
Universidad Complutense de Madrid.

Paredes Castañón, José Manuel.
Universidad de Oviedo.

Periago Morant, Juan José.
Universidad Jaume I.

Puente Aba, Luz María.
Universidad de A Coruña.

Ramon Ribas, Eduardo.
Universidad de Islas Baleares.

Ramos Vázquez, José Antonio.
Universidad de A Coruña.

Rebollo Vargas, Rafael.
Universidad Autónoma de Barcelona.

Revelles Carrasco, María.
Universidad de Cádiz.

Rodríguez Moro, Luis.
Universidad de Cádiz.

Ruiz Rodríguez, Luis Ramón.
Universidad de Cádiz.

Salinero Alonso, Carmen.
Universidad de Las Palmas.

Sánchez García de Paz, Isabel.
Juzgado de lo Penal Elche.

Sandoval Coronado, Juan Carlos.
Universidad de Alicante.

Souto García, Eva María.
Universidad de A Coruña.

Terradillos Basoco, Juan.
Universidad de Cádiz

Urruela Mora, Asier.
Universidad de Zaragoza.

Viana Ballester, Clara.
Universidad de Valencia.

Villegas Fernández, Jesús Manuel.
Juzgado de violencia sobre la mujer nº 7
Madrid.

Los abajo firmantes, miembros del Grupo de estudios de Política criminal, en desarrollo del Manifiesto para un nuevo régimen penal aplicable a las personas con enfermedad mental o con discapacidad intelectual, aprobado en Madrid el 20 de noviembre de 2021, de acuerdo con las pautas en él marcadas, así como con los contenidos ya aprobados en las reuniones mantenidas en A Coruña, los días 27 y 28 de mayo de 2022, y en Madrid, los días 28 y 29 de octubre de 2022, aprueban lo siguiente:

PROPUESTA ALTERNATIVA DE REGULACIÓN DE LA RESPUESTA PENAL A LOS HECHOS DE LAS PERSONAS CON ENFERMEDAD MENTAL O CON DISCAPACIDAD INTELECTUAL

PROPUESTA DE REGULACIÓN DE LA RESPUESTA PENAL A LOS HECHOS DE LAS PERSONAS CON ENFERMEDAD MENTAL O CON DISCAPACIDAD INTELECTUAL

La regulación que se propone pretende priorizar una respuesta sanitaria y humana, y no inocuizadora, a los casos de personas con trastornos mentales o discapacidad intelectual. Para ello, se dirige a reducir la intervención del sistema penal en estos casos a solo aquella que resulte absolutamente imprescindible para la seguridad pública y adecuada para prevenir un empeoramiento de la situación de las personas con trastorno mental o discapacidad intelectual. Y contribuye a la nueva orientación de las intervenciones públicas en materia de salud mental tratando de evitar el desarraigo familiar y social con el fin de no impedir, en lo posible, la autonomía y el acompañamiento de las personas y respetar así su dignidad y sus posibilidades de participación social.

La propuesta atiende los distintos momentos en los que puede manifestarse, o conocerse, el trastorno mental o la deficiencia mental y procura proporcionar vías o criterios claros y coherentes con las garantías y los principios generales que rigen en este ámbito.

En lo que se refiere al marco penal sustantivo, las novedades afectan tanto a la regulación de las situaciones sobrevenidas de trastorno mental o deficiencia mental como al régimen de las consecuencias aplicables a los sujetos que realizaron un hecho típico en condiciones de inimputabilidad o de semiimputabilidad.

Con respecto a las primeras, su régimen se asimila, con algunas diferencias, al de las situaciones extraordinarias que se presentan en el momento de la ejecución de las penas privativas de libertad y que se resuelven en el Código penal mediante previsiones de suspensión de la ejecución de la pena o libertad condicional de los penados.

Por lo que se refiere a las consecuencias de los hechos llevados a cabo por los sujetos en estas situaciones, las novedades se orientan como sigue.

Se restringe la peligrosidad criminal como razón para la intervención del Derecho penal a aquellas amenazas serias para los bienes jurídicos más relevantes que no puedan ser contenidas por medios menos erosivos para las personas. Ello acota el ámbito de aplicabilidad de las medidas de seguridad. Pero también se ha llevado a cabo un esfuerzo para limitar, y en algunos casos determinar, su duración.

En cuanto a su ámbito, se limita tanto la posibilidad de imponer medidas de seguridad como la clase de medida que puede decretarse por los jueces o tribunales. Esta se hace depender de la naturaleza del derecho afectado por la pena prevista para el hecho llevado a cabo, al igual que hasta ahora, pero también de la intensidad de la lesión al bien jurídico. Con respecto, en particular, al internamiento, se incorporan algunas condiciones para decidir el establecimiento adecuado teniendo en cuenta las distintas situaciones que pueden presentarse. Con el fin primordial de permitir mantener el arraigo familiar y social de la persona con trastorno mental, el destino a los establecimientos psiquiátricos penitenciarios se procura reservar solo a los casos más extremos.

En lo que afecta a la duración de las medidas, se parte, como en el modelo actual, de considerar aceptable el límite temporal definido por la duración de la pena aplicable en condiciones de imputabilidad para reducir la privación de derechos que suponen las medidas de seguridad, materialmente equivalentes a las penas, dado que la base sobre la que se asientan, el juicio de peligrosidad, es sumamente imprecisa y difícil de determinar en la práctica. Pero se modula en el caso del internamiento acudiendo a la duración necesaria de la medida de seguridad, se concreta para el caso de la prisión permanente revisable y se aportan mayores límites a la duración de las medidas de seguridad no privativas de libertad.

Asimismo, se proporcionan más directrices y criterios para responder a las necesidades que la falta de previsión legal plantea a la práctica forense. Se ofrecen, así, criterios con los que puedan darse soluciones razonables ante la concurrencia de medidas de seguridad aplicadas a una misma persona.

Por último, debemos poner claramente de manifiesto que la actual carencia de recursos humanos y materiales se halla en la raíz de los problemas que se detectan en la práctica bajo la legislación vigente y que, igualmente, el avance que se pretende con la regulación que se propone depende directamente de la disposición de recursos asistenciales y de su adecuada coordinación institucional y territorial. Solo así se podrán evitar a tiempo situaciones de deterioro de las personas con trastorno mental o con discapacidad intelectual que tarde o temprano aboquen al delito y al medio penitenciario.

MODIFICACIONES PROPUESTAS AL CÓDIGO PENAL

Propuesta de nuevo artículo para regular el abono de medidas cautelares para el cumplimiento de las medidas de seguridad

Artículo 59 bis

1. Cuando el sujeto sea declarado exento de responsabilidad criminal por aplicación de los números 1, 2 o 3 del artículo 20, y se le impongan medidas de seguridad, las medidas cautelares sufridas se abonarán en su totalidad para el cumplimiento de estas.
2. En los casos en que se aplique alguna de las eximentes previstas en los números 1, 2 o 3 del artículo 20 como incompletas, las medidas cautelares se abonarán a las penas impuestas. Solo si, ejecutada la medida de seguridad, la extensión de la pena no fuera suficiente para abonar las medidas cautelares, se abonarán a la medida de seguridad.
3. Cuando unas y otras sean de distinta naturaleza, el Juez o Tribunal ordenará que se tenga por ejecutada la medida en aquella parte que estime compensada.

Justificación

Los actuales artículos 58 y 59 CP no contemplan el abono del tiempo de privación de libertad sufrido provisionalmente para el cumplimiento de medidas de seguridad. Sin embargo, consideramos que debería regir para estos casos una solución semejante a la que prevén para el cumplimiento de las penas, teniendo en cuenta que el cumplimiento de las medidas de seguridad no debe ser más gravoso que el de las penas.

Para ello, se propone un nuevo artículo en el que, en primer lugar, se regula la solución del caso en el que la medida sea la única consecuencia jurídica impuesta y, en segundo lugar, la del supuesto en que la medida de seguridad acompaña a una pena por tratarse de situaciones de semiimputabilidad.

Por último, se recoge la situación en la que las medidas cautelares y las medidas de seguridad sean de diferente naturaleza, que se trataría con el mismo criterio que el artículo 59 establece para cuando se trate de penas.

Artículo 60

Regulación actual

1. Cuando, después de pronunciada sentencia firme, se aprecie en el penado una situación duradera de trastorno mental grave que le impida conocer el sentido de la pena, el Juez de Vigilancia Penitenciaria suspenderá la ejecución de la pena privativa de libertad que se le hubiera impuesto, garantizando que reciba la asistencia médica precisa, para lo cual podrá decretar la imposición de una medida de seguridad privativa de libertad de las previstas en este Código que no podrá ser, en ningún caso, más gravosa que la pena sustituida. Si se tratase de una pena de distinta naturaleza, el Juez de Vigilancia Penitenciaria apreciará si la situación del penado le permite conocer el sentido de la pena y, en su caso, suspenderá la ejecución imponiendo las medidas de seguridad que estime necesarias.
El Juez de Vigilancia comunicará al ministerio fiscal, con suficiente antelación, la próxima extinción de la pena o medida de seguridad impuesta, a efectos de lo previsto por la disposición adicional primera de este Código.
2. Restablecida la salud mental del penado, éste cumplirá la sentencia si la pena no hubiere prescrito, sin perjuicio de que el Juez o Tribunal, por razones de equidad, pueda dar por extinguida la condena o reducir su duración, en la medida en que el cumplimiento de la pena resulte innecesario o contraproducente.

Propuesta

1. Cuando, después de pronunciada sentencia firme, se aprecie en el penado una situación duradera de trastorno mental o una discapacidad intelectual graves que le impidan conocer el sentido de la pena, el juez o tribunal sentenciador o el juez de vigilancia penitenciaria, según

corresponda, acordará la suspensión de la ejecución de la pena que se le hubiera impuesto o de la pena pendiente de cumplir. Cuando la pena sea privativa de libertad, será de aplicación lo establecido en los artículos 80.4 bis o 91 bis.

2. Restablecida la salud mental del penado, este cumplirá la sentencia si la pena no hubiere prescrito, sin perjuicio de que el juez o tribunal, por razones de equidad, pueda dar por extinguida la condena o reducir su duración, en la medida en que el cumplimiento de la pena resulte innecesario o contraproducente.

Justificación

El régimen actual (con origen en la L.O. 15/2003) permite imponer medidas de seguridad en los casos de trastornos mentales sobrevenidos a la sentencia. Esto plantea una grave fricción con el artículo 6.1, que exige que la peligrosidad criminal del sujeto presupuesto de las medidas de seguridad se haya exteriorizado "en la comisión de un hecho previsto como delito". Además, la imposición de las medidas requiere sentencia firme (art. 3.1 CP) y en la actualidad el artículo 60 permite que sea el juez de vigilancia penitenciaria quien las decrete por medio de auto.

Por todo ello se considera necesario modificar este precepto. En particular, para los sujetos penados con penas privativas de libertad, se propone una solución similar a la prevista para la suspensión de estas penas y para la libertad condicional cuando se trata de enfermos muy graves con padecimientos incurables (arts. 80.4 y 91.1) o penados septuagenarios (art. 91.1). Se prevén, así, respectivamente, tanto las situaciones que se plantean antes del inicio de la ejecución de la sentencia como las que tienen lugar después.

Esta vía permite no forzar las garantías legales reconocidas en el Título Preliminar del CP, impide una posible intervención excesiva del sistema penal y evita un posible alejamiento del penado de su entorno familiar y social.

Se prevé, además, la alusión expresa a la discapacidad intelectual, a menudo incluida forzadamente en resoluciones judiciales bajo la referencia actual al "trastorno mental grave".

Artículo 80

Regulación actual

1. Los jueces o tribunales, mediante resolución motivada, podrán dejar en suspenso la ejecución de las penas privativas de libertad no superiores a dos años cuando sea razonable esperar que la ejecución de la pena no sea necesaria para evitar la comisión futura por el penado de nuevos delitos. Para adoptar esta resolución el juez o tribunal valorará las circunstancias del delito cometido, las circunstancias personales del penado, sus antecedentes, su conducta posterior al hecho, en particular su esfuerzo para reparar el daño causado, sus circunstancias familiares y sociales, y los efectos que quepa esperar de la propia suspensión de la ejecución y del cumplimiento de las medidas que fueren impuestas.

2. Serán condiciones necesarias para dejar en suspenso la ejecución de la pena, las siguientes:

1.ª Que el condenado haya delinquido por primera vez. A tal efecto no se tendrán en cuenta las anteriores condenas por delitos imprudentes o por delitos leves, ni los antecedentes penales que hayan sido cancelados, o debieran serlo con arreglo a lo dispuesto en el artículo 136. Tampoco se tendrán en cuenta los antecedentes penales correspondientes a delitos que, por su naturaleza o circunstancias, carezcan de relevancia para valorar la probabilidad de comisión de delitos futuros.

2.ª Que la pena o la suma de las impuestas no sea superior a dos años, sin incluir en tal cómputo la derivada del impago de la multa.

3.ª Que se hayan satisfecho las responsabilidades civiles que se hubieren originado y se haya hecho efectivo el decomiso acordado en sentencia conforme al artículo 127.

Este requisito se entenderá cumplido cuando el penado asuma el compromiso de satisfacer las responsabilidades civiles de acuerdo a su capacidad económica y de facilitar el decomiso acordado, y sea razonable esperar que el mismo será cumplido en el plazo prudencial que el juez o tribunal determine. El juez o tribunal, en atención al alcance de la responsabilidad civil y al impacto social del delito, podrá solicitar las garantías que considere convenientes para asegurar su cumplimiento.

3. Excepcionalmente, aunque no concurran las condiciones 1.ª y 2.ª del apartado anterior, y siempre que no se trate de reos habituales, podrá acordarse la suspensión de las penas de prisión que individualmente no excedan de dos años cuando las circunstancias personales del reo, la naturaleza del hecho, su conducta y, en particular, el esfuerzo para reparar el daño causado, así lo aconsejen.

En estos casos, la suspensión se condicionará siempre a la reparación efectiva del daño o la indemnización del perjuicio causado conforme a sus posibilidades físicas y económicas, o al cumplimiento del acuerdo a que se refiere la medida 1.ª del artículo 84. Asimismo, se impondrá siempre una de las medidas a que se refieren los numerales 2.ª o 3.ª del mismo precepto, con una extensión que no podrá ser inferior a la que resulte de aplicar los criterios de conversión fijados en el mismo sobre un quinto de la pena impuesta.

4. Los jueces y tribunales podrán otorgar la suspensión de cualquier pena impuesta sin sujeción a requisito alguno en el caso de que el penado esté aquejado de una enfermedad muy grave con padecimientos incurables, salvo que en el momento de la comisión del delito tuviera ya otra pena suspendida por el mismo motivo.

5. Aun cuando no concurran las condiciones 1.ª y 2.ª previstas en el apartado 2 de este artículo, el juez o tribunal podrá acordar la suspensión de la ejecución de las penas privativas de libertad no superiores a cinco años de los penados que hubiesen cometido el hecho delictivo a causa de su dependencia de las sustancias señaladas en el numeral 2.º del artículo 20,

siempre que se certifique suficientemente, por centro o servicio público o privado debidamente acreditado u homologado, que el condenado se encuentra deshabituado o sometido a tratamiento para tal fin en el momento de decidir sobre la suspensión.

El juez o tribunal podrá ordenar la realización de las comprobaciones necesarias para verificar el cumplimiento de los anteriores requisitos.

En el caso de que el condenado se halle sometido a tratamiento de deshabituación, también se condicionará la suspensión de la ejecución de la pena a que no abandone el tratamiento hasta su finalización. No se entenderán abandono las recaídas en el tratamiento si estas no evidencian un abandono definitivo del tratamiento de deshabituación.

6. En los delitos que sólo pueden ser perseguidos previa denuncia o querella del ofendido, los jueces y tribunales oirán a éste y, en su caso, a quien le represente, antes de conceder los beneficios de la suspensión de la ejecución de la pena.

Propuesta

1. Los jueces o tribunales, mediante resolución motivada, podrán dejar en suspenso la ejecución de las penas privativas de libertad no superiores a dos años cuando sea razonable esperar que la ejecución de la pena no sea necesaria para evitar la comisión futura por el penado de nuevos delitos.

Para adoptar esta resolución el juez o tribunal valorará las circunstancias del delito cometido, las circunstancias personales del penado, sus antecedentes, su conducta posterior al hecho, en particular su esfuerzo para reparar el daño causado, sus circunstancias familiares y sociales, y los efectos que quepa esperar de la propia suspensión de la ejecución y del cumplimiento de las medidas que fueren impuestas.

2. Serán condiciones necesarias para dejar en suspenso la ejecución de la pena, las siguientes:

1ª. Que el condenado haya delinquido por primera vez. A tal efecto no se tendrán en cuenta las anteriores condenas por delitos imprudentes o por delitos leves, ni los antecedentes penales que hayan sido cancelados, o debieran serlo con arreglo a lo dispuesto en el artículo 136. Tampoco se tendrán en cuenta los antecedentes penales correspondientes a delitos que, por su naturaleza o circunstancias, carezcan de relevancia para valorar la probabilidad de comisión de delitos futuros.

2ª. Que la pena o la suma de las impuestas, no sea superior a dos años, sin incluir en tal cómputo la derivada del impago de multa.

3ª. Que se hayan satisfecho las responsabilidades civiles que se hubieren originado y se haya hecho efectivo el decomiso acordado en sentencia conforme al artículo 127.

Este requisito se entenderá cumplido cuando el penado asuma el compromiso de satisfacer las responsabilidades civiles de acuerdo a su capacidad económica y de facilitar el decomiso acordado, y sea razonable esperar que el mismo será cumplido en el plazo prudencial que el juez o tribunal determine. El juez o tribunal, en atención al alcance de la responsabilidad civil y al impacto social del delito, podrá solicitar las garantías que considere convenientes para asegurar su cumplimiento.

3. Excepcionalmente, aunque no concurran las condiciones 1.ª y 2.ª del apartado anterior, y siempre que no se trate de reos habituales, podrá acordarse la suspensión de las penas de prisión que individualmente no excedan de dos años cuando las circunstancias personales del reo, la naturaleza del hecho, su conducta y, en particular, el esfuerzo para reparar el daño causado, así lo aconsejen.

En estos casos, la suspensión se condicionará siempre a la reparación efectiva del daño o la indemnización del perjuicio causado conforme a sus posibilidades físicas y económicas, o al cumplimiento del acuerdo a que se refiere la medida 1.ª del artículo 84.

Asimismo, se impondrá siempre una de las medidas a que se refieren los numerales 2.ª o 3.ª del mismo precepto, con una extensión que no podrá ser inferior a la que resulte de aplicar los criterios de conversión fijados en el mismo sobre un quinto de la pena impuesta.

4. Los jueces y tribunales podrán otorgar la suspensión de cualquier pena impuesta sin sujeción a requisito alguno en el caso de que el penado esté aquejado de una enfermedad muy grave con padecimientos incurables, salvo que en el momento de la comisión del delito tuviera ya otra pena suspendida por el mismo motivo.

4 bis. En los casos a los que se refiere el artículo 60, los jueces o tribunales dejarán en suspenso la ejecución de la pena, cualquiera que sea su gravedad, sin necesidad de que se acredite el cumplimiento de ningún otro requisito.

Los jueces o tribunales comunicarán inmediatamente al Ministerio Fiscal la suspensión de la ejecución de la pena impuesta a efectos de lo previsto por la Disposición Adicional primera de este Código. Asimismo, dispondrán lo procedente para que la persona penada reciba la atención más adecuada por los servicios sociosanitarios de la Comunidad Autónoma.

Acordada la suspensión de la pena, revisarán anualmente la situación de la persona penada y su capacidad para el cumplimiento de la pena. Para este fin recabarán de los referidos servicios los informes que resulten necesarios. Restablecida la salud mental, se estará a lo que establece el artículo 60.2.

5. Aun cuando no concurran las condiciones 1.ª y 2.ª previstas en el apartado 2 de este artículo, el juez o tribunal podrá acordar la suspensión de la ejecución de las penas privativas de libertad no superiores a cinco años de los penados que hubiesen cometido el hecho delictivo a causa de su dependencia de las sustancias señaladas en el numeral 2.º del artículo 20, siempre que se certifique suficientemente, por centro o servicio público o privado debidamente acreditado u homologado, que el condenado se encuentra deshabituado o sometido a tratamiento para tal fin en el momento de decidir sobre la suspensión.

El juez o tribunal podrá ordenar la realización de las comprobaciones necesarias para verificar el cumplimiento de los anteriores requisitos.

En el caso de que el condenado se halle sometido a tratamiento de deshabituación, también se condicionará la suspensión de la ejecución de la pena a que no abandone el tratamiento hasta su finalización. No se entenderán abandono las recaídas en el tratamiento si estas no evidencian un abandono definitivo del tratamiento de deshabituación.

6. Igualmente, aunque no concurran las condiciones 1.ª y 2.ª previstas en el apartado 2 de este artículo, el juez o tribunal podrá acordar la suspensión de la ejecución de las penas privativas de libertad no superiores a cinco años de aquellos penados a los que se haya aplicado una circunstancia atenuante por haber cometido el hecho delictivo con motivo de una anomalía o alteración psíquica de las mencionadas en el artículo 20.1 CP, siempre que se certifique suficientemente, por centro o servicio público o privado debidamente acreditado u homologado, que el condenado se encuentra sometido a tratamiento o a control médico ambulatorio en el momento de decidir sobre la suspensión, y que dicho tratamiento o control, junto con las obligaciones y deberes recogidos en el artículo 83 en caso necesario, resulta adecuado para reducir el riesgo de comisión de nuevos delitos.

El juez o tribunal realizará las comprobaciones necesarias para verificar el cumplimiento de los anteriores requisitos.

La suspensión de la ejecución de la pena se condicionará a que el sujeto no abandone el tratamiento durante el periodo de suspensión, o hasta ser dado de alta por el servicio sanitario. El juez o tribunal podrá establecer las obligaciones y deberes del artículo 83 que considere convenientes, a la vista del informe del servicio sanitario al que corresponda el tratamiento del sujeto. No se considerarán abandono los incumplimientos esporádicos de lo pautado por el servicio sanitario, si estos no evidencian un abandono definitivo del tratamiento o la supervisión.

También podrá decretarse la suspensión de la pena de acuerdo con lo previsto en este número si al sujeto le hubiera sido aplicada una eximente incompleta por haber cometido el hecho delictivo con motivo de una anomalía o alteración psíquica de las mencionadas en el artículo 20.1 CP. En estos casos, si además de la pena el sujeto tuviera impuestas medidas de seguridad no privativas de libertad, se estará a lo dispuesto en el artículo 99 bis.

7. En los delitos que sólo pueden ser perseguidos previa denuncia o querella del ofendido, los jueces y tribunales oirán a éste y, en su caso, a quien le represente, antes de conceder los beneficios de la suspensión de la ejecución de la pena.

Justificación

Como una de las vías para solucionar las dificultades que presenta el régimen del artículo 60 CP, se propone la suspensión de la ejecución de la pena privativa de libertad cuando el penado se halle en una situación duradera de trastorno mental grave o una discapacidad intelectual que le impida conocer el sentido de la pena. Aunque el texto del vigente artículo 80.4, al aludir a "una enfermedad", permite comprender algunos trastornos mentales no es suficiente para aquellas situaciones sobrevenidas. Por ello, se plantea introducir el número 4 bis, que recoge los efectos suspensivos de las situaciones del artículo 60 en el caso de penas privativas de libertad cuya ejecución no se ha iniciado aún. La previsión de su segundo párrafo procede del actual artículo 60. Y se considera conveniente añadir en este párrafo final una cautela para proveer la atención necesaria al penado en estos casos y para evitar su desarraigo social. Por lo demás, no hay razones para condicionar la suspensión de la pena a requisito alguno (porque se trata de dar prioridad absoluta a la asistencia), ni para establecer otros plazos de suspensión distintos de los propios plazos de prescripción de las penas.

Se prevé la necesidad de revisar anualmente la situación de la persona penada con el fin de conocer su evolución. Se encomienda este cometido a los servicios sanitarios de las CC.AA. para evitar la indeterminación de la competencia de esta función.

Se añade también un nuevo contenido, ubicado en el número 6, para permitir la suspensión de la ejecución de penas privativas de libertad cuando se haya apreciado que el delito fue motivado por la concurrencia de una eximente incompleta o una circunstancia atenuante relativa a los supuestos del artículo 20.1. En estos casos, se propone favorecer la asistencia médica del sujeto en unas condiciones similares a aquellas que en la actualidad permiten beneficiar a los penados con toxicomanías, por análogas razones. Si, debido a la estimación de una eximente incompleta, además de la pena, se hubiere decretado el cumplimiento de una medida de seguridad el supuesto se regiría por lo dispuesto en los artículos 99 y 99 bis.

Por último, el actual número 6 de este artículo pasa ser el número 7.

Artículo 81

Regulación actual

El plazo de suspensión será de dos a cinco años para las penas privativas de libertad no superiores a dos años, y de tres meses a un año para las penas leves, y se fijará por el juez o tribunal, atendidos los criterios expresados en el párrafo segundo del apartado 1 del artículo 80.

En el caso de que la suspensión hubiera sido acordada de conformidad con lo dispuesto en el apartado 5 del artículo anterior, el plazo de suspensión será de tres a cinco años.

Propuesta

El plazo de suspensión será de dos a cinco años para las penas privativas de libertad no superiores a dos años, y de tres meses a un año para las penas leves, y se fijará por el juez o tribunal, atendidos los criterios expresados en el párrafo segundo del apartado 1 del artículo 80.

En el caso de que la suspensión hubiera sido acordada de conformidad con lo dispuesto en los apartados 5 o 6 del artículo anterior, el plazo de suspensión será de tres a cinco años.

Justificación

Se considera adecuado el mismo plazo de suspensión que rige en el caso de los penados con toxicomanías.

Artículo 91

Regulación actual

1. No obstante lo dispuesto en el artículo anterior, los penados que hubieran cumplido la edad de setenta años, o la cumplan durante la extinción de la condena, y reúnan los requisitos exigidos en el artículo anterior, excepto el de haber extinguido las tres cuartas partes de aquélla, las dos terceras partes o, en su caso, la mitad de la condena, podrán obtener la suspensión de la ejecución del resto de la pena y la concesión de la libertad condicional.

El mismo criterio se aplicará cuando se trate de enfermos muy graves con padecimientos incurables, y así quede acreditado tras la práctica de los informes médicos que, a criterio del juez de vigilancia penitenciaria, se estimen necesarios.

2. Constando a la Administración penitenciaria que el interno se halla en cualquiera de los casos previstos en los párrafos anteriores, elevará el expediente de libertad condicional, con la urgencia que el caso requiera, al juez de vigilancia penitenciaria, quien, a la hora de resolverlo, valorará junto a las circunstancias personales la dificultad para delinquir y la escasa peligrosidad del sujeto.

3. Si el peligro para la vida del interno, a causa de su enfermedad o de su avanzada edad, fuera patente, por estar así acreditado por el dictamen del médico forense y de los servicios médicos del establecimiento penitenciario, el juez o tribunal podrá, sin necesidad de que se acredite el cumplimiento de ningún otro requisito y valorada la falta de peligrosidad relevante del penado, acordar la suspensión de la ejecución del resto de

la pena y concederle la libertad condicional sin más trámite que requerir al centro penitenciario el informe de pronóstico final al objeto de poder hacer la valoración a que se refiere el apartado anterior.
En este caso, el penado estará obligado a facilitar al servicio médico penitenciario, al médico forense, o a aquel otro que se determine por el juez o tribunal, la información necesaria para poder valorar sobre la evolución de su enfermedad.

El incumplimiento de esta obligación podrá dar lugar a la revocación de la suspensión de la ejecución y de la libertad condicional.
4. Son aplicables al supuesto regulado en este artículo las disposiciones contenidas en los apartados 4, 5 y 6 del artículo anterior.

Propuesta

1. No obstante lo dispuesto en el artículo anterior, los penados que hubieran cumplido la edad de setenta años, o la cumplan durante la extinción de la condena, y reúnan los requisitos exigidos en el artículo anterior, excepto el de haber extinguido las tres cuartas partes de aquélla, las dos terceras partes o, en su caso, la mitad de la condena, podrán obtener la suspensión de la ejecución del resto de la pena y la concesión de la libertad condicional.

Asimismo, podrán obtener la suspensión las personas penadas con una enfermedad, un trastorno mental o una discapacidad muy graves con padecimientos incurables, y así quede acreditado tras la práctica de los informes que, a criterio del juez de vigilancia penitenciaria, se estimen necesarios.

2. Constando a la Administración penitenciaria que el interno se halla en cualquiera de los casos previstos en los párrafos anteriores, elevará el expediente de libertad condicional, con la urgencia que el caso requiera, al juez de vigilancia penitenciaria, quien, a la hora de resolverlo, valorará junto a las circunstancias personales la dificultad para delinquir y la escasa peligrosidad del sujeto.

3. Si el peligro para la vida del interno, a causa de su enfermedad, trastorno mental o de su avanzada edad, fuera patente, por estar así acreditado por el dictamen del médico forense y de los servicios médicos del establecimiento penitenciario, el juez o tribunal podrá, sin necesidad de que se acredite el cumplimiento de ningún otro requisito y valorada la falta de peligrosidad relevante del penado, acordar la suspensión de la ejecución del resto de la pena y concederle la libertad condicional sin más trámite que requerir al centro penitenciario el informe de pronóstico final al objeto de poder hacer la valoración a que se refiere el apartado anterior.

En este caso, el penado estará obligado a facilitar al servicio médico penitenciario, al médico forense, o a aquel otro que se determine por el juez o tribunal, la información necesaria para poder valorar sobre la evolución de su enfermedad.

El incumplimiento de esta obligación podrá dar lugar a la revocación de la suspensión de la ejecución y de la libertad condicional.

4. Son aplicables a los supuestos regulados en este artículo las disposiciones contenidas en los apartados 4, 5 y 6 del artículo anterior.

Propuesta de nuevo artículo para regular un nuevo supuesto extraordinario de libertad condicional

Artículo 91 bis

1. En los casos a los que se refiere el artículo 60, el juez de vigilancia penitenciaria, o el tribunal sentenciador si la pena fuera de prisión permanente revisable, dejará en suspenso la ejecución de la pena y acordará la concesión de la libertad condicional sin necesidad de que se acredite el cumplimiento de ningún otro requisito.

2. El juez de vigilancia penitenciaria o el tribunal sentenciador, según proceda, comunicará inmediatamente al Ministerio Fiscal la suspensión de la ejecución de la pena y la concesión de la libertad condicional a efectos de lo previsto por la Disposición Adicional primera de este Código.

Asimismo, dispondrá lo procedente para que la persona penada reciba la atención más adecuada por los servicios sociosanitarios de la Comunidad Autónoma.

Acordada la suspensión de la pena y la concesión de la libertad condicional, el órgano judicial revisará anualmente la situación de la persona penada y su capacidad para el cumplimiento de la pena. Para este fin recabará de los referidos servicios los informes que resulten necesarios. Restablecida la salud mental, se estará a lo que establece el artículo 60.2.

Justificación común a los arts. 91 y 91 bis

Con la modificación del artículo 91.1 y la adición del artículo 91 bis se pretende completar la vía para solucionar los problemas del actual régimen del artículo 60 CP. Aquí se trata de dar respuesta a aquellos casos en los que sobreviene el trastorno mental o la deficiencia intelectual cuando la ejecución de la pena de prisión o de prisión permanente revisable ya ha comenzado. Se recurre para ello al régimen de la libertad condicional y se distinguen las dos posibilidades siguientes. Primera, la de sujetos imputables o semiimputables con un trastorno mental sobrevenido que no les prive del conocimiento del sentido de la pena, pero que les produzca padecimientos persistentes e irreversibles. Segunda, la de penados que se hallen en la situación descrita por el artículo 60.

Para atender ambas situaciones se propone incluir la primera en el artículo 91.1, junto a la referencia a la enfermedad, y, la segunda, en un nuevo artículo 91 bis, que acogería los supuestos del artículo 60. En los dos casos la pena pendiente de cumplir quedaría suspendida y se obtendría la libertad condicional. No hay razones para condicionar la suspensión de la pena a otros requisitos, porque aquí se trata de dar una solución por razones humanitarias.

Al igual que en el caso del artículo 80.4 bis, en el artículo 91 bis se prevé la necesidad de revisar anualmente la situación de la persona penada con el fin de conocer su evolución. Se encomienda este cometido a los servicios sanitarios de las CC.AA. para evitar la indeterminación de la competencia de esta función.

La previsión de su número 2 tiene origen en el actual artículo 60 y se incluye por las mismas razones señaladas en la justificación de la modificación del artículo 80.4.

Artículo 95

Regulación actual

1. Las medidas de seguridad se aplicarán por el Juez o Tribunal, previos los informes que estime convenientes, a las personas que se encuentren en los supuestos previstos en el capítulo siguiente de este Código, siempre que concurran estas circunstancias:
1.ª Que el sujeto haya cometido un hecho previsto como delito.
2.ª Que del hecho y de las circunstancias personales del sujeto pueda deducirse un pronóstico de comportamiento futuro que revele la probabilidad de comisión de nuevos delitos.
2. Cuando la pena que hubiere podido imponerse por el delito cometido no fuere privativa de libertad, el juez o tribunal sentenciador sólo podrá acordar alguna o algunas de las medidas previstas en el artículo 96.3.

Propuesta

1. Las medidas de seguridad se aplicarán por el Juez o Tribunal, previos los informes que estime convenientes, a las personas que se encuentren en los supuestos previstos en el capítulo siguiente de este Código, siempre que concurran estas circunstancias:

1.ª Que el sujeto haya cometido un hecho previsto como delito grave o menos grave. Si el hecho estuviera previsto como delito leve, sólo podrán imponerse medidas de seguridad no privativas de libertad en caso de que haya sido probado por resolución judicial que el sujeto realizó tres o más en un plazo no superior a dos años.

2.ª Que pueda efectuarse un pronóstico razonado de comportamiento futuro que revele la probabilidad de comisión de nuevos delitos. Para la realización de este pronóstico el juez o tribunal solicitará informe pericial, que tendrá en cuenta la gravedad y naturaleza de los hechos delictivos realizados y de los que sea esperable que la persona cometa en el futuro, sus circunstancias personales, familiares y sociales, la gravedad y evolución previsible de su trastorno, discapacidad o adicción, así como las posibilidades de tratamiento. El informe se pronunciará sobre la o las medidas más adecuadas al caso concreto o sobre su no necesidad.

2. Cuando la pena que hubiere podido imponerse por el delito cometido no fuere de prisión ni de prisión permanente revisable, el juez o tribunal sentenciador sólo podrá acordar alguna o algunas de las medidas previstas en el artículo 96.3.

Justificación

Se plantea limitar la posibilidad de aplicar medidas de seguridad a hechos previstos como delitos graves o menos graves, y excluirla con carácter general para los delitos leves, debido a que la escasa entidad de los hechos aconseja reducir al mínimo la intervención del sistema penal de acuerdo con el principio de ultima ratio, y favorecer que, si hay una situación de riesgo que requiere tratamiento, este se articule exclusivamente a través de los recursos sanitarios y asistenciales no penitenciarios.

No obstante, se prevé una excepción a esta regla cuando los hechos delictivos leves fuesen reiterados, partiendo de la idea de que en estos casos la propia reiteración puede ser un indicio de que la respuesta no penal pueda no estar siendo suficiente, y que una intervención penal quizá pueda cortar una escalada que pudiera desembocar en un hecho más grave, con el sufrimiento que ello provocaría tanto a las víctimas como al propio autor. La reiteración se determinaría con un criterio semejante al que recoge la definición de habitualidad en el artículo 94, aunque prescindiendo de la exigencia de que los delitos pertenezcan al mismo capítulo porque ello no debe ser aquí relevante.

La ampliación de la circunstancia 2ª del número 1 de este artículo trata de asegurar que la valoración judicial cuente con un informe pericial específico respecto de la medida de seguridad y preste una atención también específica a factores que son esenciales para decidir sobre la necesidad o no de las medidas y, en su caso, sobre su naturaleza y duración.

En el número 2 se pretende limitar la posibilidad de acordar una medida de internamiento a solo aquellos hechos castigados con penas de prisión o de prisión permanente revisable, excluyéndose así los hechos para los que hubieran podido imponerse otras penas privativas de libertad.

Artículo 96.3.4ª

Regulación actual

La custodia familiar. El sometido a esta medida quedará sujeto al cuidado y vigilancia del familiar que se designe y que acepte la custodia, quien la ejercerá en relación con el Juez de Vigilancia Penitenciaria y sin menoscabo de las actividades escolares o laborales del custodiado.

Propuesta

La custodia familiar. La persona sometida a esta medida quedará sujeta al cuidado y vigilancia del familiar que se designe y que acepte la custodia, quien la ejercerá bajo la supervisión de los servicios de gestión de penas y medidas alternativas y en relación con el Juez o Tribunal Sentenciador y sin menoscabo de las actividades escolares o laborales del custodiado.

Justificación

En coherencia con la atribución del control de todas las medidas de seguridad no privativas de libertad a los servicios de gestión de penas y medidas alternativas prevista en la propuesta de modificación del Real Decreto 840/2011, de 17 de junio, por el que se establecen las circunstancias de ejecución de las penas de trabajo en beneficio de la comunidad y de localización permanente en centro penitenciario, de determinadas medidas de seguridad, así como de la suspensión de la ejecución de la penas privativas de libertad y sustitución de penas. Todo ello con el fin de facilitar la labor de los Juzgados de Vigilancia Penitenciaria y de los Juzgados o Tribunales que las impongan, que no cuentan con el personal necesario para ejercer estas funciones, y promover el uso de este tipo de medidas de seguridad, preferibles a la privación de libertad.

No tiene sentido que en esta medida no privativa de libertad se establezca un ambiguo "en relación", sin que luego se le den competencias para elevar propuestas, como se hace con el internamiento o la libertad vigilada postpenitenciaria. Por eso se asigna a esta medida el mismo régimen que a las demás medidas no privativas de libertad.

Artículo 97

Regulación actual

Durante la ejecución de la sentencia, el Juez o Tribunal sentenciador adoptará, por el procedimiento establecido en el artículo siguiente, alguna de las siguientes decisiones:

a) Mantener la ejecución de la medida de seguridad impuesta.

b) Decretar el cese de cualquier medida de seguridad impuesta en cuanto desaparezca la peligrosidad criminal del sujeto.

c) Sustituir una medida de seguridad por otra que estime más adecuada, entre las previstas para el supuesto de que se trate. En el caso de que fuera acordada la sustitución y el sujeto evolucionara desfavorablemente, se dejará sin efecto la sustitución, volviéndose a aplicar la medida sustituida.

d) Dejar en suspenso la ejecución de la medida en atención al resultado ya obtenido con su aplicación, por un plazo no superior al que reste hasta el máximo señalado en la sentencia que la impuso. La suspensión quedará condicionada a que el sujeto no delinca durante el plazo fijado, y podrá dejarse sin efecto si nuevamente resultara acreditada cualquiera de las circunstancias previstas en el artículo 95 de este Código.

Propuesta

Durante la ejecución de la sentencia, el Juez o Tribunal sentenciador adoptará, por el procedimiento establecido en el artículo siguiente, alguna de las siguientes decisiones:

a) Mantener la ejecución de la medida de seguridad impuesta.

b) Decretar el cese de cualquier medida de seguridad impuesta cuando sea razonable esperar que la continuación de la medida de seguridad no sea necesaria para evitar la realización de un nuevo hecho delictivo.

c) Sustituir una medida de seguridad por otra que estime más adecuada, entre las previstas para el supuesto de que se trate. En el caso de que fuera acordada la sustitución y el sujeto evolucionara desfavorablemente, se dejará sin efecto la sustitución, volviéndose a aplicar la medida sustituida.

d) Dejar en suspenso la ejecución de la medida en atención al resultado ya obtenido con su aplicación, por un plazo no superior al que reste hasta el máximo señalado en la sentencia que la impuso. La suspensión quedará condicionada a que el sujeto no delinca durante el plazo fijado, y podrá dejarse sin efecto si nuevamente resultara acreditada cualquiera de las circunstancias previstas en el artículo 95 de este Código.

Justificación

Se plantea prescindir de la rigurosa condición de la desaparición de la peligrosidad criminal del sujeto (apdo. b) porque constituye una exigencia que ni es posible constatar ni es imprescindible que se constate con un carácter tan absoluto en la práctica para decretar el cese de una medida de seguridad. Existen numerosas ocasiones en las que las circunstancias en las que se halla la persona, por ejemplo, por su avanzada edad, permite estimar que la peligrosidad criminal solo podría manifestarse, en su caso, en hechos de muy escasa relevancia y que la medida de seguridad ya no cumple ningún efecto preventivo. Por ello, se propone una fórmula que permita prescindir de la medida de seguridad en tales casos.

Artículo 98

Regulación actual

1. A los efectos del artículo anterior, cuando se trate de una medida de seguridad privativa de libertad o de una medida de libertad vigilada que deba ejecutarse después del cumplimiento de una pena privativa de libertad, el Juez de Vigilancia Penitenciaria estará obligado a elevar al menos anualmente, una propuesta de mantenimiento, cese, sustitución o suspensión de la misma. Para formular dicha propuesta el Juez de Vigilancia Penitenciaria deberá valorar los informes emitidos por los facultativos y profesionales que asistan al sometido a medida de seguridad o por las Administraciones Públicas competentes y, en su caso, el resultado de las demás actuaciones que a este fin ordene.
2. Cuando se trate de cualquier otra medida no privativa de libertad, el Juez o Tribunal sentenciador recabará directamente de las Administraciones, facultativos y profesionales a que se refiere el apartado anterior, los oportunos informes acerca de la situación y la evolución del condenado, su grado de rehabilitación y el pronóstico de reincidencia o reiteración delictiva.
3. En todo caso, el Juez o Tribunal sentenciador resolverá motivadamente a la vista de la propuesta o los informes a los que respectivamente se refieren los dos apartados anteriores, oída la propia persona sometida a la medida, así como el Ministerio Fiscal y las demás partes. Se oirá asimismo a las víctimas del delito que no estuvieren personadas cuando así lo hubieran solicitado al inicio o en cualquier momento de la ejecución de la sentencia y permanezcan localizables a tal efecto.

Propuesta

1. A los efectos del artículo anterior, cuando se trate de una medida de seguridad privativa de libertad, el Juzgado de Vigilancia Penitenciaria estará obligado a elevar, al menos anualmente, una propuesta de mantenimiento, cese, sustitución o suspensión. Para formular dicha propuesta el Juzgado de Vigilancia Penitenciaria deberá valorar los informes emitidos por los facultativos y profesionales que asistan a la persona sometida a medida de seguridad o por las Administraciones Públicas competentes y, en su caso, el resultado de las demás actuaciones que a este fin ordene.

2. Cuando se trate de otra medida no privativa de libertad, el Juez o Tribunal sentenciador deberá valorar los informes de los servicios de gestión de penas y medidas alternativas y de las Administraciones, facultativos y profesionales a que se refiere el apartado anterior, acerca de la situación y la evolución del condenado, su grado de rehabilitación y el pronóstico de reincidencia o reiteración delictiva.

3. En todo caso, el Juez o Tribunal sentenciador resolverá motivadamente a la vista de la propuesta o los informes a los que respectivamente se refieren los dos apartados anteriores, oída la propia persona sometida a la medida, así como el Ministerio Fiscal y las demás partes. Se oirá asimismo a las víctimas del delito que no estuvieren personadas cuando así lo hubieran solicitado al inicio o en cualquier momento de la ejecución de la sentencia y permanezcan localizables a tal efecto.

Justificación

En coherencia con la atribución del control de todas las medidas de seguridad no privativas de libertad a los servicios de gestión de penas y medidas alternativas prevista en la propuesta de modificación del Real Decreto 840/2011, de 17 de junio, por el que se establecen las circunstancias de ejecución de las penas de trabajo en beneficio de la comunidad y de localización permanente en centro penitenciario, de determinadas medidas de seguridad, así como de la suspensión de la ejecución de la penas privativas de libertad y sustitución de penas. Todo ello con el fin de facilitar la labor de los Juzgados de Vigilancia Penitenciaria, que no cuentan con el personal necesario para ejercer estas funciones, y promover el uso de este tipo de medidas de seguridad, preferibles a la privación de libertad.

Se da un régimen a las medidas privativas de libertad, en las que interviene el JVP, y otro en el que no hay intervención del JVP para las medidas no privativas de libertad, en el que los servicios de gestión de penas y medidas alternativas asistirán técnicamente a los juzgados y tribunales sentenciadores.

Artículo 99

Regulación actual

En el caso de concurrencia de penas y medidas de seguridad privativas de libertad, el Juez o Tribunal ordenará el cumplimiento de la medida, que se abonará para el de la pena. Una vez alzada la medida de seguridad, el Juez o Tribunal podrá, si con la ejecución de la pena se pusieran en peligro los efectos conseguidos a través de aquélla, suspender el cumplimiento del resto de la pena por un plazo no superior a la duración de la misma, o aplicar alguna de las medidas previstas en el artículo 96.3.

Propuesta

1. En el caso de concurrencia de penas y medidas de seguridad privativas de libertad, el Juez o Tribunal ordenará el cumplimiento de la medida, que se abonará para el de la pena. Una vez alzada la medida de seguridad, el Juez o Tribunal podrá, si con la ejecución de la pena se pusieran en peligro los efectos conseguidos a través de aquélla, suspender el cumplimiento del resto de la pena por un plazo no superior a la duración de la misma, o aplicar alguna de las medidas previstas en el artículo 96.3.

2. Cuando concurran penas no privativas de libertad y medidas de seguridad privativas de libertad, se ejecutarán simultáneamente siempre que fuere posible. En otro caso, el Juez o Tribunal ordenará el cumplimiento de la medida de seguridad, que se abonará para el cumplimiento de la

pena teniendo por ejecutada la parte de esta última que el órgano jurisdiccional estime compensada.

Justificación

Se unifica en un mismo artículo la ordenación de la ejecución de penas cuando se presentan en la misma sentencia junto con medidas de seguridad privativas de libertad. Para ello se añade un nuevo apartado referido a la concurrencia de penas no privativas de libertad con medidas de seguridad privativas de libertad. Se trata de casos seguramente poco frecuentes, pero que pueden darse cuando la persona sea juzgada en un mismo procedimiento por hechos cometidos en momentos distintos, y se aprecie la eximente completa con respecto al hecho que tenga prevista pena de prisión, pero sólo atenuante o eximente incompleta con respecto al otro hecho que lleva asociada otra clase de pena. También podría darse cuando se cometa un hecho castigado cumulativamente con una pena de prisión y con otra de otra naturaleza, y se aprecie una eximente incompleta. Si no resultase posible el cumplimiento simultaneo, siguiendo una regla semejante a la que rige en el vigente artículo 99, se dará prioridad a la ejecución de la medida de seguridad. Y se prevé la posibilidad de abono de la medida cumplida a la hora de ejecutar la pena del modo en que se considere compensada por el órgano judicial. Ello dota al precepto de la posibilidad de ajustar en estos casos la respuesta a situaciones muy diversas.

Propuesta de nuevo artículo para regular la concurrencia de penas y/o medidas en una misma sentencia

Artículo 99 bis

1. En el caso de concurrencia de penas y medidas de seguridad no privativas de libertad impuestas en una misma sentencia, se podrán ejecutar simultáneamente unas y otras siempre y cuando resulten compatibles por su contenido, la ejecución de la pena no dificulte el objetivo de la medida

de seguridad y, oído el reo, la ejecución simultánea de unas y otras no le suponga una carga excesiva.

En caso contrario, se ejecutarán en primer lugar las medidas de seguridad, salvo que por razones justificadas el juez considere que se alcanza mejor el objetivo de prevención de la peligrosidad, así como las necesidades terapéuticas, dando preferencia a la ejecución de la pena. En caso de ejecución sucesiva, la suma del tiempo de cumplimiento de la pena y de la medida no podrá sobrepasar el límite máximo de la duración de la pena abstractamente aplicable al delito cometido.

2. En caso de que en una misma sentencia concurran penas privativas de libertad con medidas de seguridad no privativas de libertad, el juez o tribunal:

a) Podrá decretar la suspensión de la pena privativa de libertad siempre que ésta no exceda de 5 años, en los términos del artículo 80.6, y ordenar que durante el plazo de suspensión se ejecuten las medidas. En este caso, sólo podrán imponerse deberes u obligaciones de los regulados en el artículo 83 si estos resultan compatibles con el contenido de las medidas de seguridad que se estén ejecutando, no dificultan que éstas alcancen su finalidad y, oído el reo, la concurrencia de unos y otras no supone una carga excesiva para el penado.

b) Cuando no se den los requisitos del artículo 80.6, ordenará la ejecución simultánea de la pena y de las medidas siempre y cuando por su contenido resulten compatibles y, oído el reo, la acumulación no suponga una carga excesiva para el penado;

c) En caso de que no resulte posible suspender la pena de prisión y tampoco sea viable la ejecución simultánea, ordenará el cumplimiento de la pena privativa de libertad, y la medida se ejecutará a continuación, siempre y cuando siga apareciendo como necesaria. En caso de ejecución sucesiva, la suma del tiempo de cumplimiento de la pena y de la medida no podrá sobrepasar el límite máximo de la duración de la pena abstractamente aplicable al delito cometido.

Justificación

La posibilidad de concurrencia de penas y medida de seguridad en la misma sentencia es atendida en el artículo 99 CP cuando las medidas son privativas de libertad. Pero en la práctica se plantean también casos de confluencia de ambas consecuencias jurídicas cuando las medidas de seguridad son no privativas de libertad, cuyo régimen se trata de establecer aquí. El criterio principal que se propone es el de la ejecución simultánea de las penas y medidas concurrentes, si ello fuese posible y, además, fuera aconsejable por razones de reinserción. Alternativamente, se propone como criterio general dotar de preferencia a la ejecución de la medida de seguridad, aunque con la posibilidad de anteponer a la misma la ejecución de la pena si ello se estimara más conveniente en el caso concreto. Solo en un supuesto que se contempla se priorizaría el cumplimiento de la pena sobre el de la medida de seguridad teniendo en cuenta la imposibilidad de suspensión de la pena por la nueva vía extraordinaria prevista en el artículo 80.6. Tal imposibilidad se debería, bien a la gravedad de la pena impuesta, bien a la no aceptación del tratamiento o control médico.

Propuesta de nuevo artículo para regular otros casos de concurrencia de penas o medidas

Artículo 99 ter

1. Cuando concurran en una misma persona varias medidas de seguridad, fuera de los casos a los que se refieren los artículos 101 y 104, o penas y medidas de seguridad, y no fuera posible su cumplimiento simultáneo ni observar los criterios señalados en los dos artículos anteriores, el último juez o tribunal sentenciador establecerá su orden de cumplimiento, salvo que ello corresponda al juez de vigilancia penitenciaria por haberse iniciado ya la ejecución de alguna bajo su competencia.

2. El órgano jurisdiccional correspondiente tendrá en cuenta para ello tanto las necesidades terapéuticas como la peligrosidad y valorará las circunstancias en las que se halla la persona, su evolución y los efectos conseguidos con medidas de seguridad anteriores. Si con la ejecución de

la pena se pusieran en peligro los efectos conseguidos a través de aquella, podrá una vez alzada la medida de seguridad suspender el cumplimiento de la pena privativa de libertad, o de todas ellas si fueran varias, por un plazo no superior a su duración. Alternativamente, el órgano jurisdiccional podrá aplicar alguna de las medidas previstas en el artículo 96.3.

Justificación

El nuevo artículo que se propone pretende regular la acumulación en una misma persona de medidas de seguridad (al margen de los supuestos que regulan los arts. 101 y 104), o de penas y medidas en los casos no abarcados por los artículos 99 y 99 bis. Cuando concurran varias medidas de seguridad con origen en procesos distintos es necesario garantizar que para la ejecución de la nueva medida se tenga en cuenta el historial relativo a la ejecución, en su caso, de otras medidas de seguridad anteriormente acordadas y la evolución del sujeto, para evitar que se puedan entorpecer logros alcanzados ya o para corregir en lo posible problemas que se observen, en caso contrario. Cuando se acumulen penas y medidas, la propuesta se dirige a asegurar que se pueda priorizar al cumplimiento de las penas el objetivo de estabilizar en lo posible a la persona para evitar la peligrosidad asociada a su situación.

Artículo 100

Regulación actual

1. El quebrantamiento de una medida de seguridad de internamiento dará lugar a que el juez o tribunal ordene el reingreso del sujeto en el mismo centro del que se hubiese evadido o en otro que corresponda a su estado.

2. Si se tratare de otras medidas, el juez o tribunal podrá acordar la sustitución de la quebrantada por la de internamiento si ésta estuviese prevista para el supuesto de que se trate y si el quebrantamiento demostrase su necesidad.

3. En ambos casos el Juez o Tribunal deducirá testimonio por el quebrantamiento. A estos efectos, no se considerará quebrantamiento de la medida la negativa del sujeto a someterse a tratamiento médico o a continuar un tratamiento médico inicialmente consentido. No obstante, el Juez o Tribunal podrá acordar la sustitución del tratamiento inicial o posteriormente

Propuesta

Mantenimiento.

Justificación

El GEPC se ha planteado la posibilidad de revisar este artículo ante los problemas que plantea en la práctica el abandono del control médico periódico o del tratamiento médico acordado para las personas con trastornos mentales como uno de los contenidos de la libertad vigilada, recogido en el artículo 106, 1, k) CP. El seguimiento de un tratamiento médico puede permitir que la persona con un trastorno mental se halle estabilizada y evitar así que llegue a situaciones de exclusión social y a otras que favorezcan la realización de hechos graves. El Código Penal recoge los efectos del incumplimiento del sometimiento al control médico periódico o del tratamiento médico en el artículo 100.3. Pero en la práctica no está siendo suficiente para evitar escaladas hacia la realización de hechos más graves con destino final en un establecimiento penitenciario, psiquiátrico o no. En esta situación, bajo determinadas condiciones, son posibles tratamientos médicos forzosos, a costa de privar antes de la libertad ambulatoria y de minar su arraigo familiar y social.

Un posible instrumento para salir al paso de estas situaciones sería contar con la posibilidad de decretar intervenciones médicas involuntarias, pero esta posibilidad es en la actualidad muy poco clara normativamente y socialmente controvertida. Aparte de la previsión del artículo 106, 1, k CP, las leyes civiles no la contemplan. Y la Ley 41/2002, de Autonomía del Paciente limita las intervenciones sin consentimiento solo en favor de la salud del paciente. Además, el tratamiento involuntario es rechazado de plano por las asociaciones de defensa de las personas con discapacidad con el argumento de que una buena atención sociosanitaria a tiempo evitaría situaciones como las descritas.

En la praxis civil, el tratamiento involuntario se ha acordado por algunos juzgados de primera instancia con el fin de evitar los internamientos con un argumento a maiore ad minus: si se puede internar forzosamente, debe poderse tratar involuntariamente, puesto que debe entenderse que el artículo 763 LEC ampara también la mínima restricción posible de derechos.

En principio esta vía implementada con las debidas garantías podría ser respetuosa tanto con el principio de intervención mínima como con lo proclamado por Naciones Unidas cuando establece que "todo paciente tendrá derecho a ser tratado en las condiciones menos restrictivas posibles y con un tratamiento lo menos restrictivo e invasivo posible que corresponda a sus necesidades de salud y a la necesidad de brindar protección física a terceros" (Resolución 46/119, de 17 de diciembre de 1991, que aprueba los Principios para la protección de los enfermos mentales y para el mejoramiento de la atención a la salud mental).

No obstante, del artículo 100.3 CP, tal y como está redactado, no se desprende que no se pueda considerar vigente el tratamiento médico inicialmente acordado sobre la persona y que necesariamente deba ser sustituido en caso de no sometimiento al mismo. De modo que, a la vista de las posibilidades de mantener la obligación de seguir tratamiento médico externo, o de someterse a un control médico periódico, y por lo tanto de insistir en sus posibilidades terapéuticas, el GEPC propone conservar este artículo con su dicción actual.

Artículo 101

Regulación actual

1. Al sujeto que sea declarado exento de responsabilidad criminal conforme al número 1.º del artículo 20, se le podrá aplicar, si fuere necesaria, la

medida de internamiento para tratamiento médico o educación especial en un establecimiento adecuado al tipo de anomalía o alteración psíquica que se aprecie, o cualquier otra de las medidas previstas en el apartado 3 del artículo 96. El internamiento no podrá exceder del tiempo que habría durado la pena privativa de libertad, si hubiera sido declarado responsable el sujeto, y a tal efecto el Juez o Tribunal fijará en la sentencia ese límite máximo.

2. El sometido a esta medida no podrá abandonar el establecimiento sin autorización del Juez o Tribunal sentenciador, de conformidad con lo previsto en el artículo 97 de este Código.

Propuesta

1. Al sujeto que sea declarado exento de responsabilidad criminal conforme al número 1.º del artículo 20, se le podrá aplicar, si fuere necesaria, cualquiera de las medidas previstas en el apartado 3 del artículo 96. En caso de que exista una probabilidad relevante de que cometa hechos delictivos contra la vida, la integridad física o psíquica, la libertad o la libertad sexual de las personas, se le podrá aplicar la medida de internamiento para tratamiento médico o educación especial.

El internamiento deberá cumplirse preferentemente en establecimientos de la red sanitaria o en centros de educación especial, públicos o privados debidamente acreditados u homologados, adecuados al tipo de anomalía o alteración psíquica que padezca el sujeto. Sólo si la persona sometida a la medida necesita un grado elevado de restricción de libertad, podrá ejecutarse el internamiento en unidad u hospital psiquiátrico penitenciario o en otro de los establecimientos especiales penitenciarios previstos en la ley. Para ello será necesario, además, que la duración máxima del internamiento impuesto en la sentencia sea superior a dos años, salvo que el sujeto haya cometido hechos delictivos con reiteración.

El internamiento en ningún caso podrá exceder del tiempo que habría durado la pena privativa de libertad, si hubiera sido declarado responsable el sujeto, y a tal efecto el Juez o Tribunal fijará en la sentencia ese límite máximo. Cuando sean varios los hechos delictivos cuya comisión haya quedado acreditada, y resulte indicado el internamiento en establecimiento psiquiátrico, su duración máxima será la de la pena más grave que habría podido imponerse, si hubiera sido declarado responsable el sujeto. En ambos casos, cuando la pena sea de prisión permanente revisable, el internamiento no podrá exceder de 35 años.

2. El sometido a esta medida no podrá abandonar el establecimiento sin autorización del Juez o Tribunal sentenciador, de conformidad con lo previsto en el artículo 97 de este Código.

3. Cuando el sujeto, además de la anomalía o alteración psíquica, tenga adicción a las sustancias mencionadas en el artículo 20.2, el juez o tribunal podrá decretar tanto la aplicación de la medida de seguridad prevista en este artículo como también la prevista en el artículo 102, en función de cuál resulte más adecuada a las circunstancias del caso concreto. Podrá también decretarse el internamiento en un establecimiento que garantice el tratamiento tanto de la adicción como del trastorno.

Justificación

Las modificaciones propuestas aspiran a lograr dos objetivos. Por un lado, que para poder imponer una medida de internamiento sea necesario acreditar aun con la inseguridad inherente a todo pronóstico de esta naturaleza un nivel de peligrosidad específico, y cualificado respecto al que se establece en el artículo 95 como presupuesto de cualesquiera medidas de seguridad. Por otro lado, se pretende favorecer que el internamiento psiquiátrico se cumpla, siempre que ello sea posible, en establecimientos de la red de salud mental comunitaria, y no en el medio penitenciario. Con este fin, el internamiento en un establecimiento psiquiátrico penitenciario se reserva exclusivamente para aquellos casos en los que la duración del internamiento considerado adecuado en la sentencia sea superior a dos años, o el sujeto haya cometido hechos delictivos con reiteración, y sea imprescindible asegurar un nivel de control máximo.

Las razones por las que parecen oportunas estas reformas son las siguientes: tal como señaló el Informe al Gobierno Español sobre la visita a España realizada por el Comité Europeo Para la Prevención de la Tortura y Tratos o Penas Inhumanas o Degradantes (CPT) del 14 al 28 de septiembre de 2020, "El Comité considera que los establecimientos psiquiátricos forenses, como los hospitales psiquiátricos penitenciarios deberían gozar de plena separación institucional y funcional de la administración penitenciaria, habida cuenta del diferente ethos y perfil de personal que caracterizan a los establecimientos penitenciarios. Preferiblemente, en opinión del CPT, los hospitales psiquiátricos penitenciarios deberían estar bajo la responsabilidad del Sistema Nacional de Salud" (p. 97).

Es un hecho constatado que los dos únicos establecimientos psiquiátricos penitenciarios existentes en la actualidad no cuentan con plazas suficientes para atender a los sujetos que tienen impuestas medidas de seguridad de internamiento (y hay medidas de seguridad ejecutándose en la actualidad en centros penitenciarios ordinarios, lo que vulnera la normativa vigente). Además, el personal y los recursos disponibles en los psiquiátricos penitenciarios son insuficientes para garantizar una atención sanitaria adecuada a los internos que allí se encuentran (de "falta crónica de psiquiatras, psicólogos, enfermeros y terapeutas ocupacionales" habla el citado Informe del CPT, p. 101).

Por todo ello se considera adecuado limitar por ley los internamientos en centros psiquiátricos penitenciarios a aquellos casos en que sea necesario asegurar una vigilancia extrema del sujeto, e impulsar el tratamiento de estas personas en los recursos del sistema sanitario normal. No se nos oculta que la apuesta por la vía extra penitenciaria se enfrenta un obstáculo importante: la infradotación de recursos en el sistema de salud mental. No obstante, esta realidad no debe condicionar el que por falta de medios se dejen de abordar reformas necesarias para la protección de los derechos fundamentales de las personas con enfermedad mental que han cometido delitos, y en particular de su derecho a la salud, sino que, por el contrario, debe servir para reclamar con mayor firmeza un cambio en las políticas sanitarias que refuerce la atención a la salud mental, tanto de quienes han delinquido como de los que no.

Se introduce también una regulación específica para los casos en que el sujeto esté siendo enjuiciado por la comisión de varios delitos, a los que, de haber sido considerado responsable, habrían correspondido otras tantas penas. La regulación vigente no señala si en estos casos podría imponerse más de una medida de internamiento, ni cuál debería ser en su caso ser el límite máximo de cumplimiento, y algunas voces proponen acudir por analogía a las reglas del concurso de delitos en los artículos 75 y 76. Sin embargo, entendemos que dicho sistema no es el más idóneo, pues nos encontramos ante un sujeto declarado inimputable, que por ello ha sido absuelto en la sentencia por los delitos cometidos, y prolongar automáticamente el límite máximo de la medida sólo por haber cometido más de un delito no se cohonesta con la función exclusivamente garantista que tiene en el Código penal la vinculación de la duración máxima de la medida de seguridad a la de la pena prevista. En lugar de ello, proponemos que funja como límite máximo de la medida el de la más grave de las penas previstas para los hechos que haya cometido.

Por último, para los muy frecuentes casos de patología dual se considera conveniente proporcionar una previsión específica, como la que recoge el número 3, con la que dar la opción de disponer del lugar más adecuado para la ejecución de la medida de internamiento según las circunstancias del sujeto.

Artículo 104

Regulación actual

1. En los supuestos de eximente incompleta en relación con los números 1.º, 2.º y 3.º del artículo 20, el Juez o Tribunal podrá imponer, además de la pena correspondiente, las medidas previstas en los artículos 101, 102 y 103. No obstante, la medida de internamiento sólo será aplicable cuando la pena impuesta sea privativa de libertad y su duración no podrá exceder de la de la pena prevista por el Código para el delito. Para su aplicación se observará lo dispuesto en el artículo 99.

2. Cuando se aplique una medida de internamiento de las previstas en el apartado anterior o en los artículos 101, 102 y 103, el juez o tribunal sentenciador comunicará al ministerio fiscal, con suficiente antelación, la proximidad de su vencimiento, a efectos de lo previsto por la disposición adicional primera de este Código.

Propuesta

1. En los supuestos de eximente incompleta en relación con los números 1.º, 2.º y 3.º del artículo 20, el Juez o Tribunal podrá imponer, además de la pena correspondiente, cualesquiera de las medidas previstas en el apartado 3 del artículo 96. También se podrán aplicar las medidas previstas en los artículos 102 y 103, así como la prevista en el artículo 101 cuando concurran los requisitos de peligrosidad requeridos en el mismo. No obstante, la medida de internamiento sólo será aplicable cuando la pena impuesta sea de prisión, se procurará que se cumpla preferentemente en establecimientos de la red sanitaria no penitenciaria, y su duración no podrá exceder la de la pena prevista por el Código para el delito. Cuando el internamiento alcance el tiempo máximo de duración de la pena privativa de libertad impuesta en la sentencia, el juez o tribunal decretará su sustitución por alguna o algunas de las medidas previstas en el artículo 96.3, cuya duración no podrá exceder el límite de la pena prevista por el Código para el delito. Solo cuando se acredite, previos los correspondientes informes, que subsiste una peligrosidad criminal muy acusada, será posible prorrogar la medida de internamiento hasta el límite de la pena prevista por el Código para el delito. En todo caso, para su aplicación se observará lo dispuesto en los artículos 98 y 99.

Cuando sean varios los delitos por los que haya sido condenado el sujeto, y resulte indicada una medida de seguridad de internamiento, la duración de este no podrá exceder el máximo del tiempo que deba cumplir por las penas privativas de libertad que le hayan sido impuestas, de acuerdo con las reglas de los arts. 75 y siguientes.

2. Cuando se aplique una medida de internamiento de las previstas en el apartado anterior o en los artículos 101, 102 y 103, el juez o tribunal

sentenciador comunicará al ministerio fiscal, con suficiente antelación, la proximidad de su vencimiento, a efectos de lo previsto por la disposición adicional primera de este Código.

3. A los supuestos previstos en este artículo les es de aplicación lo dispuesto en el número 3 del artículo 101.

Justificación

En el número 1 el tiempo máximo de la medida de internamiento pretende reforzar el límite de proporcionalidad con el hecho culpable, acudiendo al límite de la concreta pena de prisión impuesta cuando se trata de eximentes incompletas. Con la regulación actualmente vigente, que ha dado lugar a dudas interpretativas, parece que los tribunales siguen criterios dispares a la hora de concretar la duración máxima de la medida, aunque es frecuente que se utilice el criterio establecido en el Acuerdo de Pleno del TS de 31 marzo 2009 (pena abstracta teniendo en cuenta grados de ejecución y participación). Ello da lugar a que la medida cumplida pueda ser de duración muy superior a la de la pena impuesta pues esta última sí se rebaja por la eximente incompleta hasta en dos grados lo que, teniendo en cuenta que en este precepto se trata de medidas privativas de libertad, se aleja en exceso de los parámetros previstos en el artículo 6 CP.

Relacionado con esta modificación, el inciso final del apartado 1 refuerza para los casos de semiimputabilidad el criterio de proporcionalidad, exigiendo que el límite de la medida de seguridad no sea el de la pena aplicable en abstracto al caso, sino el de la pena impuesta, eso supone que la rebaja en grado por la semiimputabilidad conllevará una reducción del límite máximo de la medida que ahora no opera. Cuando sea necesario, porque subsista la peligrosidad, mantener a la persona sometida a una medida de seguridad no privativa de libertad, la disposición prevista permitirá hacerlo más allá del límite de la concreta pena impuesta (pena rebajada por la eximente incompleta) con el límite de la pena abstractamente aplicable al delito. Se trata por esta vía de compaginar una menor restricción de derechos del afectado, por un lado, y un cierto grado de protección de la seguridad pública, por otro, cuando ello sea necesario.

Al igual que en el artículo 101, se prevé que, además de las medidas privativas de libertad, pueden también obviamente imponerse las no privativas de libertad; es más, estas deben preferirse cuando las de internamiento no resulten necesarias. Se introduce también una referencia a que la medida de internamiento podrá aplicarse cuando concurran los requisitos de peligrosidad requeridos en el art. 101, para mantener la misma exigencia de una peligrosidad cualificada propuesta en ese otro precepto cuando se trata de imponer medidas de internamiento. El paralelismo no se extiende, sin embargo, a exigir en el 104 el límite de duración de la medida (al menos, 2 años) sí incluido en el artículo 101. La razón es que, al tratarse en el artículo 104 de supuestos de imputabilidad disminuida y dada la nueva configuración del límite máximo de la medida de internamiento, es probable que la duración de las medidas de internamiento para los semiimputables sea mucho más breve que la de las aplicables a inimputables a través del 101, por lo que podría ser frecuente que quedaran por debajo de dos años y ello imposibilitara el cumplimiento en centro psiquiátrico penitenciario en muchos casos. Habida cuenta de la escasez de recursos para internamiento de personas con trastorno mental en la sanidad "civil", parece aconsejable priorizar que allí pueden ser atendidos sobre todo quienes estén completamente exentos de responsabilidad penal. Ello no quita para que también en los casos de eximente incompleta debe preferirse el cumplimiento del internamiento en establecimientos psiquiátricos no penitenciarios siempre que sea posible, y así lo reflejamos con un inciso en el texto, pero sin establecer la limitación estricta de 2 años que contiene el artículo 101.

En el párrafo segundo del número 1 se introduce una regla para limitar la duración del internamiento cuando el sujeto sea condenado por diversos delitos. Nótese que se trata de un régimen diverso al que hemos propuesto para esta clase de supuestos en el artículo 101. La diferencia se debe a que en los casos del artículo 104 nos encontramos ante sujetos semiimputables y por tanto responsables de los delitos que han cometido (aunque su culpabilidad está atenuada), de manera que a diferencia de lo que ocurre en el art. 101 sí tendrán penas impuestas en la sentencia, penas cuyo cumplimiento habrá de articularse a través del régimen previsto para los concursos de delitos en los artículos 73 y ss. CP. Por ello, aquí sí tiene sentido utilizar el límite máximo de cumplimiento que deriva de tales reglas como guía para la duración máxima de la medida de internamiento impuesta.

Por último, de manera idéntica a la propuesta hecha con respecto al artículo 101, para los casos de patología dual se considera conveniente proporcionar en el número 4 la opción de disponer del lugar más adecuado para la ejecución de la medida de internamiento según las circunstancias del sujeto.

Artículo 105

Regulación actual

En los casos previstos en los artículos 101 a 104, cuando imponga la medida privativa de libertad o durante la ejecución de la misma, el Juez o Tribunal podrá imponer razonadamente una o varias medidas que se enumeran a continuación. Deberá asimismo imponer alguna o algunas de dichas medidas en los demás casos expresamente previstos en este Código.

1. Por un tiempo no superior a cinco años:
   a) Libertad vigilada.
   b) Custodia familiar. El sometido a esta medida quedará sujeto al cuidado y vigilancia del familiar que se designe y que acepte la custodia, quien la ejercerá en relación con el Juez de Vigilancia y sin menoscabo de las actividades escolares o laborales del custodiado.

2. Por un tiempo de hasta diez años:
   a) Libertad vigilada, cuando expresamente lo disponga este Código.
   b) La privación del derecho a la tenencia y porte de armas.
   c) La privación del derecho a conducir vehículos a motor y ciclomotores.
   Para decretar la obligación de observar alguna o algunas de las medidas previstas en este artículo, así como para concretar dicha obligación

cuando por ley viene obligado a imponerlas, el Juez o Tribunal sentenciador deberá valorar los informes emitidos por los facultativos y profesionales encargados de asistir al sometido a la medida de seguridad.

El Juez de Vigilancia Penitenciaria o los servicios de la Administración correspondiente informarán al Juez o Tribunal sentenciador.

En los casos previstos en este artículo, el Juez o Tribunal sentenciador dispondrá que los servicios de asistencia social competentes presten la ayuda o atención que precise y legalmente le corresponda al sometido a medidas de seguridad no privativas de libertad.

Propuesta

1. A las personas que se hallen en alguna de las situaciones recogidas en el artículo 20.1º o, por referencia al mismo, en el artículo 21.1ª, se les podrá aplicar, si fueren necesarias, alguna o algunas de las medidas previstas en el artículo 96.3. También se podrán imponer en los casos previstos en los artículos 101 a 104, cuando se imponga la medida privativa de libertad o durante la ejecución de la misma.

La duración de las medidas, aunque sean acumuladas, no podrá exceder de cinco años si las penas previstas para el delito, o para el más grave de los que se hubieran cometido, fueran superiores a dos años, salvo que sea precisa una duración mayor teniendo en cuenta tanto las necesidades terapéuticas como las de prevención de la peligrosidad, en cuyo caso no podrá exceder de diez años. Cuando las penas previstas para el delito, o para el más grave de los que se hubieran cometido, sean inferiores a dos años las medidas no podrán exceder de dos años, salvo que sea precisa una duración mayor teniendo en cuenta tanto las necesidades terapéuticas como las de prevención de la peligrosidad, en cuyo caso no podrá exceder de cinco años.

2. Para decretar la obligación de observar alguna o algunas de las medidas previstas en este artículo, el Juez o Tribunal sentenciador deberá valorar

los informes emitidos por los facultativos y profesionales encargados de asistir a la persona sometida a la medida de seguridad.

El Juez de Vigilancia Penitenciaria o los servicios de la Administración correspondiente informarán al Juez o Tribunal sentenciador.

En los casos previstos en este artículo, el Juez o Tribunal sentenciador dispondrá que los servicios de asistencia social competentes presten la ayuda o atención que precise y legalmente le corresponda a la persona sometida a medidas de seguridad no privativas de libertad.

3. Deberá imponerse la medida de libertad de vigilada en los casos expresamente previstos en este Código. Su duración en estos supuestos no podrá exceder de diez años.

Justificación

Se propone contemplar expresamente la posibilidad de aplicar medidas no privativas de libertad en todos los casos de eximente, completa o incompleta, del artículo 20.1º, cuya previsión falta en el Código. Por lo que se refiere al límite temporal de las medidas de seguridad no privativas de libertad, actualmente se hallan sometidas a los límites generales de 5 o 10 años en este artículo, pero se considera que este límite debería aquilatarse más con el fin de evitar una intervención excesiva mediante dichas medidas. Por un lado, cabría la posibilidad de establecer un límite temporal que dependiera, conforme al criterio que rige para las medidas privativas de libertad, de la duración máxima de las penas que corresponderían en condiciones de imputabilidad normal. En tal caso, la de la multa proporcional (única de referencia no temporal) podría limitarse a un año, teniendo en cuenta el criterio de sustitución que rige conforme al artículo 53.2 CP los casos de impago. Pero debe observarse que contar con la duración máxima de las penas como límite modificaría la vigente extensión de la extensión conforme a lo previsto actualmente hasta extremos poco razonables en la práctica (medidas de seguridad muy cortas o excesivamente largas). Por otro lado, alternativamente, cabría definir un parámetro cualitativo que hiciera depender la duración de las medidas de su contenido o de la clase de intervención que requieren, procurando siempre respetar el límite establecido por el artículo 6.2 CP (que en este punto goza de una amplitud de la que carece en el caso de las medidas privativas de libertad, dada la diversa naturaleza de las medidas de seguridad no privativas de libertad aplicables y su difícil comparación, en términos de gravosidad, con las penas). Pero aún cabría definir un criterio mixto que atendiera, pero limitadamente, a la gravedad de la pena que habría podido corresponder. Considerando la gran amplitud de los límites actualmente vigentes y las dificultades que ofrecen los criterios anteriores, se propone optar por este último, combinando la gravedad de las penas que hubieran correspondido con la necesaria valoración de la situación terapéutica de la persona y de la peligrosidad criminal.

Artículo 108

Regulación actual

1. Si el sujeto fuera extranjero no residente legalmente en España, el juez o tribunal acordará en la sentencia, previa audiencia de aquél, la expulsión del territorio nacional como sustitutiva de las medidas de seguridad que le sean aplicables, salvo que el juez o tribunal, previa audiencia del Ministerio Fiscal, excepcionalmente y de forma motivada, aprecie que la naturaleza del delito justifica el cumplimiento en España.

La expulsión así acordada llevará consigo el archivo de cualquier procedimiento administrativo que tuviera por objeto la autorización para residir o trabajar en España.

En el supuesto de que, acordada la sustitución de la medida de seguridad por la expulsión, ésta no pudiera llevarse a efecto, se procederá al cumplimiento de la medida de seguridad originariamente impuesta.

2. El extranjero no podrá regresar a España en un plazo de 10 años, contados desde la fecha de su expulsión.

3. El extranjero que intentara quebrantar una decisión judicial de expulsión y prohibición de entrada a la que se refieren los apartados anteriores será devuelto por la autoridad gubernativa, empezando a computarse de nuevo el plazo de prohibición de entrada en su integridad.

Propuesta

1. Si el sujeto fuera extranjero no residente legalmente en España, el juez o tribunal acordará en la sentencia, previa audiencia de aquél, la expulsión del territorio nacional como sustitutiva de las medidas de seguridad que le sean aplicables, salvo que el juez o tribunal, previa audiencia del Ministerio Fiscal, excepcionalmente y de forma motivada, aprecie que la naturaleza del delito justifica el cumplimiento en España. La sustitución de la medida de seguridad no tendrá lugar cuando haya sido decretada por hallarse el sujeto en alguna de las situaciones recogidas en el artículo 20.1º o, por referencia al mismo, el artículo 21.1ª, salvo que se acredite que la persona se hallará en el país de destino en condiciones asistenciales adecuadas a su situación.

La expulsión así acordada llevará consigo el archivo de cualquier procedimiento administrativo que tuviera por objeto la autorización para residir o trabajar en España.

En el supuesto de que, acordada la sustitución de la medida de seguridad por la expulsión, ésta no pudiera llevarse a efecto, se procederá al cumplimiento de la medida de seguridad originariamente impuesta.

2. El extranjero no podrá regresar a España en un plazo de 10 años, contados desde la fecha de su expulsión.

3. El extranjero que intentara quebrantar una decisión judicial de expulsión y prohibición de entrada a la que se refieren los apartados anteriores será devuelto por la autoridad gubernativa, empezando a computarse de nuevo el plazo de prohibición de entrada en su integridad.

Justificación

Se propone impedir la expulsión de personas extranjeras en sustitución de la medida de seguridad que les haya sido impuesta cuando se hallen en situación de trastorno mental o en estado de deficiencia intelectual. Esta sustitución, tratándose de personas de alta vulnerabilidad, podría suponer un riesgo de exposición a situaciones de abandono o desprotección y podría contravenir lo dispuesto en el artículo 25.2 de la Constitución si no se cuenta con garantías suficientes acerca de las condiciones en las que serán tratadas.

PROPUESTA ALTERNATIVA DE REGULACIÓN DE LA EJECUCIÓN DE MEDIDAS DE SEGURIDAD IMPUESTAS A PERSONAS CON TRASTORNO MENTAL O DISCAPACIDAD INTELECTUAL

Las modificaciones a la Ley orgánica General Penitenciaria, al Reglamento Penitenciario y al Real Decreto 840/2011, de 17 de junio, que se proponen, pretenden priorizar una respuesta sanitaria, rehabilitadora, reinsertadora y humana a los casos de personas con trastornos mentales o discapacidad intelectual que se ven sometidas al cumplimiento de una medida de seguridad.

La propuesta que se presenta atiende a la intención de que la persona sometida a una medida de seguridad privativa de libertad de internamiento en centro psiquiátrico sea ingresada, como norma general, en establecimientos de la red sanitaria de los servicios autonómicos del sistema nacional de salud, salvo las excepciones previstas expresamente en el Código Penal. En ningún caso se podrán ejecutar los internamientos en establecimientos o unidades penitenciarios ordinarios no psiquiátricos. Corresponderá a las administraciones penitenciarias controlar la ejecución de las medidas de seguridad privativas de libertad, independientemente de dónde se ejecute la medida, y a los juzgados de vigilancia penitenciaria el control jurisdiccional de su ejecución y la salvaguarda de los derechos de las personas internadas.

Esto requerirá exigir que la red sanitaria disponga de recursos residenciales con medidas de seguridad adecuadas (ver Conclusión 112 de las Conclusiones vigentes sistematizadas de encuentros de fiscales de vigilancia penitenciaria 2011-2017), hacer efectiva la Disp. Ad. 6ª de la Ley 16/2003, de 28 de mayo, de cohesión y calidad del Sistema Nacional de Salud, así como las previsiones específicas en la Estrategia de salud mental del Sistema Nacional de Salud 2022-2026 y probablemente otros ajustes en legislación "sanitaria".

En línea con las recomendaciones de los fiscales de vigilancia penitenciaria y el informe del Comité europeo para la prevención de la tortura y tratos o penas inhumanas o degradantes (CPT en adelante) del año 2021 en relación con España, entendemos que "los establecimientos psiquiátricos forenses, como los Hospitales Psiquiátricos Penitenciarios (HPP en adelante), deberían gozar de plena separación institucional y funcional del servicio penitenciario, dado el diferente espíritu y perfil de personal que los caracteriza. [...] estos hospitales deberían estar bajo la responsabilidad del Sistema Nacional de Salud, que está mejor situado para proporcionar el apoyo que necesitan tanto los pacientes como el personal", preconizando por tanto la desaparición de los grandes establecimientos psiquiátricos penitenciarios, tal y como ha ocurrido con los hospitales penitenciarios, y por el imperativo de evitar el desarraigo familiar y social que produce el alejamiento de los lugares donde se hallen sus vínculos familiares, sociales e institucionales, y, progresivamente en el fututo, de las unidades psiquiátricas penitenciarias en los establecimientos polivalentes que se creen para complementar los servicios autonómicos del Sistema Nacional de Salud mientras desarrolla los recursos necesarios.

Así mismo, en línea con las tendencias internacionales, y tomando como ejemplo las "Residenze per l'esecuzione della misura di sicurezza sanitaria (REMS)" italianas, reguladas en el Decreto de 1 de octubre de 2012 "Requisiti strutturali, tecnologici e organizzativi delle strutture residenziali destinate ad accogliere le persone cui sono applicate le misure di sicurezza del ricovero in ospedale psichiatrico giudiziario e dell'assegnazione a casa di cura e custodia" o las "Unités pour malades difíciles" (UMD) francesas [véase el Capítulo II: Establecimientos de salud responsables de brindar atención psiquiátrica sin consentimiento, artículos L3222-1 a L3222-6 del Code de la santé publique francés, para establecimientos autorizados en psiquiatría encargados de brindar atención psiquiátrica sin consentimiento del artículo 706-135 del código de procedimiento penal francés], se establece en un máximo de 20 personas la capacidad de los establecimientos o las unidades psiquiátricas para personas con medida de seguridad de internamiento psiquiátrico.

También el Criterio 89 de los Jueces de vigilancia penitenciaria (texto refundido, depurado y actualizado a mayo de 2010) proponía la preferencia por la utilización de los servicios comunitarios y la limitación en la mayor medida posible del internamiento en hospitales o unidades psiquiátricas penitenciarias.

En línea con el cambio de paradigma de los textos internacionales, se hace hincapié en la programación de la reinserción, al establecer un órgano similar a una Junta de Tratamiento respecto a las personas sometidas a medidas de seguridad privativas de libertad tanto en unidades psiquiátricas penitenciarias como en centros psiquiátricos no penitenciarios del Sistema Nacional de Salud, así como una regulación garantista que incluya las salidas y comunicaciones con el exterior y algo similar a un "régimen sancionador" adaptado a los criterios médicos relacionados con la enfermedad o discapacidad.

Por otro lado, la adecuada respuesta reinsertadora y sanitaria a las personas con trastorno mental o discapacidad sometidas a medidas de seguridad aconseja implicar a las administraciones penitenciarias, al Sistema Nacional de Salud y a los recursos sociosanitarios públicos y privados en la ejecución de las medidas de seguridad no privativas de libertad. Ello coadyuvaría también a la mejor coordinación en los casos de sustitución de una medida de seguridad privativa de libertad (MSPL en adelante) por una medida de seguridad no privativa de libertad (MSNPL en adelante), así como el retorno a la comunidad cuando evolucione favorablemente la persona sometida a la medida, lo que permitiría orillar además los problemas de asistencia sociosanitaria post-medida penal.

La reforma del Código penal de LO 5/2010, de 22 de junio, suprimió la intervención de los juzgados de vigilancia penitenciaria en la revisión de las medidas de seguridad no privativas de libertad, a excepción de la custodia familiar y la libertad vigilada postpenitenciaria. De este modo, en atención a la naturaleza del resto de las medidas de seguridad no privativas de libertad del art. 96.3 CP, quedaría fuera de la competencia del juzgado de vigilancia penitenciaria exclusivamente la libertad vigilada para inimputables o semiimputables. El preámbulo del RD 840/2011, de 17 de junio, lo justifica siguiendo el Informe del CGPJ de 22 de diciembre de 2010, dando acogida al criterio establecido por el Tribunal Supremo que asumía advertencias doctrinales y de los propios jueces de vigilancia penitenciaria.

Que la competencia judicial sea exclusiva del juzgado o tribunal sentenciador, no empece que sea aconsejable que un órgano administrativo, en este caso los servicios de gestión de penas y medidas alternativas (SGPMA en adelante) creados por RD 840/2011, controlen materialmente también la ejecución de la libertad vigilada al servicio del Juzgado o Tribunal sentenciador.

MODIFICACIÓN PROPUESTA A LA LEY ORGÁNICA GENERAL PENITENCIARIA

Art. 8.1

Regulación actual

Los establecimientos de preventivos son centros destinados a la retención y custodia de detenidos y presos. También podrán cumplirse penas y medidas penales privativas de libertad cuando el internamiento efectivo pendiente no exceda de seis meses.

Propuesta

"Uno. Los establecimientos de preventivos son centros destinados a la retención y custodia de detenidos y presos. También podrán cumplirse penas privativas de libertad cuando el internamiento efectivo pendiente no exceda de seis meses."

Justificación

Evitar tanto en la LOGP como en el RP la posibilidad de interpretar, como se ha hecho en la Instrucción 19/2011 de la Secretaría General de Instituciones Penitenciarias, que los internamientos psiquiátricos pueden cumplirse en centros penitenciarios ordinarios.

MODIFICACIONES PROPUESTAS AL REGLAMENTO PENITENCIARIO

Se propone modificar el título del capítulo VII, que actualmente se denomina "Internamiento en establecimientos o unidades psiquiátricas penitenciarias" por el de "Ejecución de la medida de seguridad de internamiento en centro psiquiátrico".

Justificación

En línea con lo expresado en la introducción, se pretende que la mayoría de las medidas de seguridad privativas de libertad de internamiento psiquiátrico, y durante la mayor parte de la ejecución de estas, se ejecute en los servicios autonómicos del Servicio Nacional de Salud, ya sea antes o después de la transferencia competencial prevista en la Ley 16/2003, de 28 de mayo, de cohesión y calidad del Sistema Nacional de Salud. A diciembre de 2021 había en España 463 personas (de las cuales 43 eran mujeres) sometidas a medida de seguridad privativa de libertad en las administraciones penitenciarias (en tendencia decreciente desde las 655 plazas en 2012). Consecuentemente, el capítulo ha de referirse a la ejecución de ambas más allá de la perspectiva orgánica actual referida únicamente a las medidas de seguridad competencia de la administración penitenciaria según el vigente RD 840/2011.

Artículo 183. Objeto.

Regulación actual

"Los Establecimientos o Unidades Psiquiátricas penitenciarias son aquellos centros especiales destinados al cumplimiento de las medidas de seguridad privativas de libertad aplicadas por los Tribunales correspondientes."

Propuesta

"1. Las medidas de seguridad de internamiento en centro psiquiátrico se cumplirán en los centros adecuados, públicos o concertados de las Administraciones públicas competentes por razón de la materia y del territorio debidamente acreditados u homologados. Con carácter general estas medidas se cumplirán en establecimientos no penitenciarios del Sistema Nacional de Salud, salvo las excepciones previstas expresamente en el Código Penal. En ningún caso se podrán ejecutar los internamientos en unidades o establecimientos penitenciarios ordinarios no psiquiátricos.

2. Será obligación de las Administraciones públicas proveer de los recursos sanitarios necesarios para el cumplimiento de los internamientos en centros psiquiátricos no penitenciarios del Sistema Nacional de Salud.

3. Las Administraciones penitenciarias correspondientes celebrarán, en su caso, los convenios necesarios con otras Administraciones públicas o con entidades colaboradoras para la ejecución de los internamientos psiquiátricos."

Justificación

Como se dice en la introducción, el objetivo es que las medidas de seguridad privativas de libertad de internamiento psiquiátrico (art. 96.2.1ª CP) se cumplan en los servicios autonómicos de salud, salvo contadas excepciones parcialmente limitadas.

Además, se introduce expresamente la prohibición de cumplimiento en centro ordinario, actualmente de dudosa legalidad (el informe del Consejo General del Poder Judicial de 22 de diciembre de 2010 impidió que se incluyera en el RD la ejecución en centros penitenciarios ordinarios; sin embargo, esta realidad se ha impuesto y desarrollado en la mencionada Instrucción SGIP 19/2011). En nuestra opinión, es necesario evitar esta indeseable interpretación y realidad.

A fin de dar cumplimiento a la preferencia por la ejecución de las medidas de seguridad privativas de libertad de internamiento psiquiátrico en los servicios autonómicos de salud se faculta a las administraciones penitenciarias y a las administraciones sociosanitarias para establecer convenios entre sí y con entidades privadas, siempre bajo la responsabilidad de las administraciones públicas y el control jurisdiccional del Juzgado de Vigilancia Penitenciaria y el control del órgano competente para la ejecución sobre el cese, suspensión o sustitución de la medida de seguridad privativa de libertad.

Art. 184. Ingreso.

Regulación actual

El ingreso en estos Establecimientos o Unidades Psiquiátricas penitenciarias se llevará a cabo en los siguientes casos:

a) Los detenidos o presos con patología psiquiátrica, cuando la autoridad judicial decida su ingreso para observación, de acuerdo con lo establecido en la Ley de Enjuiciamiento Criminal, durante el tiempo que requiera la misma y la emisión del oportuno informe.

Una vez emitido el informe, si la autoridad judicial no decidiese la libertad del interno, el Centro Directivo podrá decidir su traslado al Centro que le corresponda.

b) Personas a las que por aplicación de las circunstancias eximentes establecidas en el Código Penal les haya sido aplicada una medida de seguridad de internamiento en centro psiquiátrico penitenciario.

c) Penados a los que, por enfermedad mental sobrevenida, se les haya impuesto una medida de seguridad por el Tribunal sentenciador en aplicación de lo dispuesto en el Código Penal y en la Ley de Enjuiciamiento Criminal que deba ser cumplida en un Establecimiento o Unidad psiquiátrica penitenciaria.

Propuesta de SUPRESIÓN

Justificación

En coherencia con el cambio en la perspectiva reguladora del capítulo y con las propuestas de reforma del art. 60 del código penal y de la LECrim y por resultar asimismo innecesario, puesto que ya se regula en los preceptos correspondientes.

Introducción de un nuevo artículo 184. Unidades psiquiátricas penitenciarias

1. Se establecerá al menos una unidad psiquiátrica penitenciaria por comunidad autónoma con un límite de 20 personas internadas como máximo. Se podrán establecer excepciones dependiendo de las circunstancias concretas de algunas CCAA.

2. Cada unidad psiquiátrica penitenciaria dispondrá del equipo o equipos técnicos necesarios integrados por los psiquiatras, psicólogos, médicos, enfermeros, educadores, criminólogos y trabajadores sociales u otros profesionales penitenciarios que sean necesarios para prestar la asistencia especializada que precisen los pacientes internados en aquéllos. También contarán con los profesionales y el personal auxiliar necesario para la ejecución de los programas de rehabilitación.

3. Los Equipos Técnicos adoptarán diferentes composiciones en función de los asuntos a tratar, debiendo observar que, en las reuniones informales que celebren, estén siempre presentes los profesionales penitenciarios que, formando parte del Equipo, trabajen en contacto directo con los internos afectados.

4. La configuración, dotación y funcionamiento de dichas unidades estarán reguladas por vía reglamentaria.

Justificación

A la preferencia por la ejecución de las medidas de seguridad impuestas a las personas con trastornos mentales o discapacidad en los recursos sociosanitarios ordinarios y comunitarios, entendemos que debe acompañar la responsabilidad de las administraciones penitenciarias en su ejecución, respetando la autonomía de los recursos sociosanitarias, pero apoyando la ejecución de la medidas de seguridad y su capacidad reinsertadora, así como asumiendo las funciones de información a los órganos judiciales competentes.

El art. 25.2 de la Constitución y el 1 LOGP y el 2 RP hablan de reeducación y reinserción para las penas y para las medidas. No se puede asumir que la única etiología del delito en la persona con Trastorno Mental Grave es el trastorno. Habrá otros factores criminógenos y también hay que incidir sobre ellos. La referencia a Rehabilitación y Reinserción social puede indicar esa dualidad.

Ya desde este artículo se quiere enfatizar la importancia de la cercanía física a la familia, al entorno y a las instituciones de las que dependerá la reinserción social de la persona sometida a medida de seguridad privativa de libertad cuando acceda a la libertad. Esta aspiración ya se encuentra actualmente recogida en art. 191.2 RP, que se deroga para no duplicar, pero no se respeta, sobre todo en el territorio de la Secretaría General de Instituciones Penitenciarias, en el que solamente existen dos establecimientos penitenciarios, en Sevilla y Alicante (para mujeres, solamente en Alicante), para todo el territorio, y ninguna unidad psiquiátrica en ningún establecimiento polivalente.

El Criterio 29 de los Jueces de Vigilancia Penitenciaria insta a la creación de unidades psiquiátricas y de modo territorializado para cumplir los arts. 3.4 y 16.d LOGP.

Como se decía en la introducción, se fija en 20 el máximo de personas internadas en cada unidad psiquiátrica penitenciaria para garantizar la adecuada asistencia, individualización y ratios de personal conforme a las recomendaciones internacionales.

Artículo 185.1. Equipo multidisciplinar.

Regulación actual

Para garantizar un adecuado nivel de asistencia, los establecimientos o unidades psiquiátricas penitenciarias dispondrán, al menos, de un Equipo multidisciplinar, integrado por los psiquiatras, psicólogos, médicos generales, enfermeros y trabajadores sociales que sean necesarios para prestar la asistencia especializada que precisen los pacientes internados en aquéllos. También contarán con los profesionales y el personal auxiliar necesario para la ejecución de los programas de rehabilitación.

Propuesta

Art. 185. Junta de Rehabilitación y Reinserción.

1. Cada unidad psiquiátrica penitenciaria dispondrá de una Junta de Rehabilitación y Reinserción, presidida por el responsable de la unidad psiquiátrica, y compuesta por un jurista, el psiquiatra y aquellos profesionales que asistan a la persona internada.

2. Con carácter general, los acuerdos de la Junta de Rehabilitación y Reinserción se adoptarán sobre las propuestas elevadas por los Equipos Técnicos para la adopción de las medidas necesarias para ejecutar los programas de tratamiento o los programas individualizados de ejecución, y se ejecutarán por los Equipos Técnicos, bajo el control inmediato y directo de los Jefes de dichos Equipos.

3. Las competencias de la Junta de Rehabilitación y Reinserción en relación con la ejecución de cualquier tipo de internamiento en centro psiquiátrico, tanto en las unidades psiquiátricas penitenciarias como en la red sanitaria no penitenciaria, serán las siguientes:

a) Supervisar el cumplimiento de la medida de seguridad de internamiento en centro psiquiátrico.

b) Elevar, al menos cada seis meses, un informe sobre el estado y evolución de la persona internada, en el que se incluya la propuesta de permisos y comunicaciones, así como de modificación, mantenimiento, cese, sustitución o suspensión de la medida de seguridad, al Juzgado de Vigilancia Penitenciaria y al Ministerio Fiscal a los efectos procedentes.

c) Coordinarse con los servicios sociosanitarios de los servicios de salud o con el Servicio de Gestión de Penas y Medidas no privativas de libertad correspondiente con vistas al cese, la suspensión, la sustitución por medida no privativa de libertad o a la puesta en libertad de la persona sometida a medida de seguridad no privativa de libertad.

4. Las competencias de la Junta de Rehabilitación y Reinserción en relación con la ejecución del internamiento en la unidad psiquiátrica penitenciaria serán las siguientes:

a) Adoptar por escrito y de forma motivada las medidas necesarias para hacer efectivo lo dispuesto en el art. 187.4 de este Reglamento.

b) Elaborar un Programa Individual de Rehabilitación y Reinserción por cada persona internada en un plazo máximo de 2 meses, que será revisado, y en su caso modificado, al menos cada seis meses en función de su evolución.

Justificación

La nueva redacción del artículo busca diferenciar entre la función puramente asistencial y terapéutica y la función rehabilitadora, recuperadora y reinsertadora, en cuyo marco han de situarse las decisiones sobre el mantenimiento, cese, sustitución o suspensión de la medida de seguridad privativa de libertad.

A la Junta de Rehabilitación y Reinserción de la Unidad Psiquiátrica Penitenciaria territorialmente correspondiente se le asigna la función de supervisión de las MSPL que ese cumplan en centros sociosanitarios autonómicos.

Aunque se trate de personas con trastornos mentales o discapacidades graves que fueron declarados inimputables o semiimputables en relación con la comisión de uno o varios hechos delictivos en el pasado, no significa que sean incapaces de responsabilizarse en cierta medida de su propia conducta. Si bien puede ser cierto que estas personas no pueden ser sometidas al sistema disciplinario del RP 1996 y por remisión de las conductas del RP 1981, excluirles absolutamente de cualquier sistema de responsabilización y corrección del comportamiento, desde la prevalencia del criterio médico, parece contraproducente para su reeducación y reinserción social (art. 25.2 CE, art. 1 LOGP y art. 2 RP) y un fraude de etiquetas puesto que en la práctica se instauran sistemas disciplinarios informales sin garantías.

Se toman algunos aspectos de la Instrucción Secretaría General de Instituciones Penitenciarias 19/2011, de 16 de noviembre, acordada para dar cumplimiento a las previsiones de los arts. 20 a 22 del RD 840/2011 respecto a las personas internas en centros penitenciarios ordinarios.

Artículo 186. Atención, destino e informe a la autoridad judicial en el momento del ingreso.

Regulación actual

1. En el momento de ingresar, el paciente será atendido por el facultativo de guardia, quien, a la vista de los informes del Centro de procedencia y del resultado de su reconocimiento, dispondrá lo conveniente respecto al destino de aquél a la dependencia más adecuada y al tratamiento a seguir hasta que sea reconocido por el psiquiatra.

2. El equipo que atienda al paciente deberá presentar un informe a la autoridad judicial correspondiente, en el que se haga constar la propuesta que se formula sobre cuestiones como el diagnóstico y la evolución observada con el tratamiento, el juicio pronóstico que se formula, la necesidad del mantenimiento, cese o sustitución del internamiento, la separación, el traslado a otro Establecimiento o Unidad Psiquiátrica, el programa de rehabilitación, la aplicación de medidas especiales de ayuda o tratamiento, así como las que hubieran de tenerse en cuenta para el momento de la salida de aquél del Centro.

Propuesta de MODIFICACIÓN del apartado 2.

La Junta de Rehabilitación y Reinserción deberá presentar en el plazo máximo de dos meses un informe al Juzgado de Vigilancia Penitenciaria, en el que se haga constar la propuesta que se formula sobre cuestiones como el diagnóstico y la evolución observada con el tratamiento, el juicio pronóstico que se formula, la necesidad del mantenimiento, cese o sustitución del internamiento, la separación, el traslado a otro centro psiquiátrico, el programa de rehabilitación, la aplicación de medidas especiales de ayuda o tratamiento, así como las que hubieran de tenerse en cuenta para el momento de su salida del centro.

Justificación

En la línea ya referida de diferenciar las funciones asistenciales y terapéuticas del Equipo multidisciplinar de las funciones de la Junta de Rehabilitación y Reinserción.

Artículo 187. Revisión.

Regulación actual

1. La peculiaridad del internamiento de los enajenados reclama una información periódica para el debido control judicial, a cuyo efecto la situación personal del paciente será revisada, al menos, cada seis meses por el Equipo multidisciplinar, emitiendo un informe sobre su estado y evolución.

2. El informe a que se hace referencia en el apartado anterior, así como el previsto en el artículo 186 serán remitidos al Ministerio Fiscal a los efectos procedentes.

Propuesta de SUPRESIÓN

Justificación

Estas cuestiones quedan ya reguladas en otros artículos de la propuesta

Artículo 188. Régimen de los Establecimientos o Unidades Psiquiátricas.

Regulación actual

1. La separación en los distintos departamentos de que consten los Establecimientos o Unidades se hará en atención a las necesidades asistenciales de cada paciente.

2. Las restricciones a la libertad personal del paciente deben limitarse a las que sean necesarias en función del estado de salud de aquél o del éxito del tratamiento.

3. El empleo de medios coercitivos es una medida excepcional, que sólo podrá ser admitida por indicación del facultativo y durante el tiempo mínimo imprescindible previo al efecto del tratamiento farmacológico que esté indicado, debiéndose respetar, en todo momento, la dignidad de la persona. Incluso en los supuestos de que médicamente se considere que no hay alternativa alguna a la aplicación de los medios expresados, la medida debe ser puntualmente puesta en conocimiento de la Autoridad judicial de la que dependa el paciente, dándose traslado documental de su prescripción médica.

4. Las disposiciones de régimen disciplinario contenidas en este reglamento no serán de aplicación a los pacientes internados en estas instituciones.

Propuesta de MODIFICACION de los apartados 3 y 4.

Pasan a ser el nuevo art. 187. Régimen de los Establecimientos o Unidades psiquiátricas penitenciarias.

1. La separación en los distintos departamentos de que consten los Establecimientos o Unidades se hará en atención a las necesidades asistenciales de cada paciente.

2. Las restricciones a la libertad personal del paciente deben limitarse a las que sean necesarias en función del estado de salud de aquél o del éxito del tratamiento.

3. El empleo de medios coercitivos es una medida excepcional, que sólo podrá ser admitida por indicación del facultativo y durante el tiempo mínimo imprescindible previo al efecto del tratamiento farmacológico que esté indicado, debiéndose respetar, en todo momento, la dignidad de la persona. Incluso en los supuestos de que médicamente se considere que no hay alternativa alguna a la aplicación de los medios expresados, la medida debe ser puntualmente puesta en conocimiento de la Autoridad judicial de la que dependa el paciente, dándose traslado documental de su prescripción médica. Durante el tiempo de su aplicación se garantizará la supervisión médica permanente, debiéndose dejar constancia en la historia clínica de su inicio y finalización, la razón de su aplicación y los controles periódicos efectuados.

4. Las disposiciones de régimen disciplinario contenidas en este reglamento se aplicarán a los pacientes internados en las unidades psiquiátricas penitenciarias, salvo que en el caso concreto, a juicio del equipo técnico responsable, sean incompatibles con su enfermedad, las necesidades terapéuticas o el proceso de rehabilitación y reinserción.

Justificación

Se mantiene esta regulación que solamente afecta a los establecimientos o unidades psiquiátricas penitenciarias, no a los centros de los servicios autonómicos de salud.

En consonancia con lo establecido en los arts. 15 y ss. de la Convención sobre los derechos de las personas con discapacidad de 13 de diciembre de 2006, se toman medidas para evitar que personas sometidas a medidas de seguridad privativas de libertad de internamiento en centro psiquiátrico sean sometidas a tratos inhumanos o degradantes.

En línea con lo manifestado anteriormente, se introduce un régimen de responsabilidad con las debidas garantías y adaptado a la primacía del criterio médico psiquiátrico.

Artículo 189. Actividades rehabilitadoras.

Con el fin de incrementar las posibilidades de desinstitucionalización de la población internada y facilitar su vuelta al medio social y familiar, así como su integración en los recursos sanitarios externos, en los Establecimientos o Unidades se establecerá, con soporte escrito, una programación general de actividades rehabilitadoras, así como programas individuales de rehabilitación para cada paciente, no debiendo limitarse la aplicación de estas medidas a quienes presenten mayores posibilidades de reinserción laboral o social, sino abarcando también a aquellos que, aun teniendo más dificultades para su reinserción, puedan, no obstante, mejorar, mediante la aplicación de los correspondientes tratamientos, aspectos tales como la autonomía personal y la integración social.

Propuesta

Pasa a ser el nuevo art. 188. Actividades de rehabilitación y reinserción

El Programa Individual de Rehabilitación y Reinserción contendrá:

a) Los objetivos concretos de la intervención, el contenido de las actividades terapéuticas y de reeducación y reinserción, así como su temporalización.

b) El número y tipo de salidas terapéuticas a las que tengan derecho, así como la duración de estas.

c) Las comunicaciones a las que tenga derecho el internado, su periodicidad, modalidad, las personas autorizadas a comunicar, así como, si es preciso, el tipo de cautela o adaptación en función de las posibles alteraciones o anomalías del internado.

d) La ocupación laboral, la formación cultural y profesional, la aplicación de medidas de ayuda, las actividades de reinserción y las que hubiera de tenerse en cuenta para el momento de la puesta en libertad.

e) En caso de que se acuerden medidas especiales de restricción de la libertad de las personas internadas, deben ser puestas inmediatamente en conocimiento de la Autoridad judicial y no podrán prolongarse por tiempo superior a una semana, salvo por resolución judicial motivada.

f) La posibilidad de solicitar las correspondientes medidas de apoyo a las personas con discapacidad para el ejercicio de su capacidad jurídica de conformidad con la Disp. Ad. 1ª CP.

g) La aplicación de tratamientos médicos sin el consentimiento del paciente se sujetará a lo previsto en el Capítulo IV de la Ley 41/2002, de 14 de noviembre, básica reguladora de la autonomía del paciente y de derechos y obligaciones en materia de información y documentación clínica.

Justificación

Además de la garantía de la adecuada asistencia sanitaria y terapéutica, que también formará parte del plan de reinserción de inimputables o semimputables en la medida en que su enfermedad estuviera en la base de su actividad delictiva, se entiende que la programación individualizada de las actividades de reeducación y reinserción social es un elemento nuclear de la ejecución de las MS, ya se ejecuten en la administración penitenciaria o en los recursos sociosanitarios y comunitarios bajo su supervisión.

Así mismo, se pretende que determinados mecanismos de reinserción como las comunicaciones con el exterior y las salidas se configuren como un derecho, de modo análogo, mutatis mutandis, para las personas penadas.

Se toman algunas ideas de la Instrucción de la Secretaría General de Instituciones Penitenciarias 19/2011, de 16 de noviembre, que se acordó para dar cumplimiento a las previsiones de los arts. 20 a 22 del RD 840/2011 respecto a las personas internas en centros penitenciarios ordinarios.

El Comité para la Prevención de la Tortura (Informe 2021) critica la práctica relativa al consentimiento de los pacientes para aceptar el tratamiento prescrito y recomienda que las autoridades españolas consideren la introducción de un cambio de paradigma muy necesario en el tratamiento de los pacientes forenses, basado en los principios establecidos en el informe. Además, deberían aplicarse plenamente las disposiciones de la Ley de Pacientes nº 41/2002 relativas a los derechos de los pacientes respecto al suministro de medicación sin su consentimiento. En lo que respecta a los pacientes legalmente incapacitados, siempre se debe solicitar el consentimiento de los tutores.

Artículo 190. Relaciones con el exterior.

Las comunicaciones con el exterior de los pacientes se fijarán en el marco del programa individual de rehabilitación de cada uno de aquéllos, indicando el número de comunicaciones y salidas, la duración de las mismas, las personas con quienes los pacientes puedan comunicar y las condiciones en que se celebren las mencionadas comunicaciones.

Propuesta de SUPRESION

Justificación

Se incluye en la propuesta del artículo anterior.

Artículo 191. Criterios de localización y diseño.

1. Para fijar la ubicación y el diseño de las instalaciones psiquiátricas, deberán tenerse en cuenta, como elementos determinantes, factores tales como los criterios terapéuticos, la necesidad de favorecer el esparcimiento y la utilización del ocio por parte de los pacientes internados, así como

la disposición de espacio suficiente para el adecuado desarrollo de las actividades terapéuticas y rehabilitadoras.

2. La Administración Penitenciaria procurará que la distribución territorial de las instalaciones psiquiátricas penitenciarias favorezca la rehabilitación de los enfermos a través del arraigo en su entorno familiar, mediante los correspondientes acuerdos y convenios con las Administraciones sanitarias competentes.

Propuesta de SUPRESION

Justificación

Se incluye en la propuesta de artículo 184.

Artículo 185.2. Asistencia social postpenitenciaria.

Regulación actual

La Administración Penitenciaria solicitará la colaboración necesaria de otras Administraciones Públicas con competencia en la materia para que el tratamiento psiquiátrico de los internos continúe, si es necesario, después de su puesta en libertad y para que se garantice una asistencia social postpenitenciaria de carácter psiquiátrico, así como para que los enfermos cuya situación personal y procesal lo permita puedan ser integrados en los programas de rehabilitación y en las estructuras intermedias existentes en el modelo comunitario de atención a la salud mental

Propuesta

Nuevo art. 189. Asistencia social posterior al cumplimiento de la medida de internamiento.

La Administración Penitenciaria solicitará la colaboración necesaria de otras Administraciones Públicas con competencia en la materia para que el tratamiento psiquiátrico de las personas internadas continúe, si es necesario, después de su puesta en libertad y para que se garantice una asistencia social posterior al cumplimiento de la medida de internamiento de carácter psiquiátrico, así como para que los enfermos cuya situación personal y procesal lo permita puedan ser integrados en los programas de rehabilitación y en las estructuras intermedias existentes en el modelo comunitario de atención a la salud mental.

Justificación

En coherencia con el resto de la propuesta y teniendo en cuenta la preferencia por la ejecución con recursos sociosanitarios y comunitarios, se traslada, reforzado, lo dispuesto en el art. 185.2, que se complementa con lo previsto en otros preceptos y la propuesta de modificación del RD 840/2011 respecto a la intervención de los servicios de gestión de penas y medidas alternativas y teniendo en cuenta que debe hacerse efectivo el traspaso de la sanidad penitenciaria a las comunidades autónomas previsto en la D. Ad. 6ª de la Ley 16/2003, de 28 de mayo, de cohesión y calidad del Sistema Nacional de Salud.

Artículo 265.4

Regulación actual

En los Hospitales psiquiátricos penitenciarios sólo existirán el Consejo de Dirección, cuya composición se determinará por las normas de desarrollo de este Reglamento, la Junta Económico-Administrativa y los Equipos multidisciplinares necesarios.

Propuesta

En los establecimientos o unidades psiquiátricas penitenciarias existirá el Consejo de Dirección, la Junta Económico-Administrativa y la Junta de Rehabilitación y Reinserción, que tendrá a su disposición, como unidades de estudio, propuesta y ejecución, a los equipos técnicos necesarios.

Justificación

En coherencia con lo previsto en la propuesta de arts. 183 y ss.

Se suprime el equipo multidisciplinar como órgano colegiado. Los profesionales actualmente adscritos integrarán los equipos técnicos que se creen y harán propuestas a la Junta.

MODIFICACIONES PROPUESTAS EN EL REAL DECRETO 840/2011

Artículo 2.4. Definiciones.

Regulación actual

Servicios de gestión de penas y medidas alternativas: unidades administrativas multidisciplinares dependientes de la Administración penitenciaria que tienen encomendado la tarea de ejecución de las medidas y penas alternativas a la privación de libertad.

Propuesta

Servicios de gestión de penas y medidas no privativas de libertad: unidades administrativas multidisciplinares dependientes de la Administración penitenciaria que tienen encomendado la tarea de ejecución de las medidas y penas no privativas de libertad.

Justificación

Se modifica la denominación de los servicios por no compartir la denominación de "alternativas", término que indica una subsidiariedad de las penas y medidas no privativas de libertad respecto a la pena de prisión, que se percibe así como principal y primera, de modo alejado al principio de ultima ratio que debe informar todos los ámbitos del sistema penal. Al contrario, entendemos que la pena de prisión y su cumplimiento en medio cerrado ha de mantenerse como último recurso. Se evoluciona así, como ha evolucionado la Criminología, desde nuestras propuestas de 2003-2004 y 2009-2010 relativas al sistema de penas.

Se propone modificar el título del capítulo V, que actualmente se denomina "Del cumplimiento de medidas de seguridad competencia de la administración penitenciaria" por el de "Del cumplimiento de las medidas de seguridad no privativas de libertad competencia de la administración penitenciaria", así como suprimir las secciones de dicho capítulo.

La regulación de la ejecución de las medidas de seguridad privativas de libertad se ha incluido en las propuestas relativas a los arts. 183 y ss. del Reglamento Penitenciario, donde se entiende que pertenecen, en coherencia con el art. 1 de la Ley Orgánica General Penitenciaria y el art. 1 del Reglamento Penitenciario, dejando este RD 840/2011 para las penas y medidas a ejecutarse en medio abierto, esto es, el seguimiento de las suspensiones de condena (incluida la libertad condicional), las penas y medidas no privativas de libertad y la localización permanente "extrapenitenciaria". En estas no ostentaría funciones jurisdiccionales el Juzgado de Vigilancia Penitenciaria, que limitaría su actuación a las privativas de libertad.

Artículo 20. Medidas de seguridad.

Regulación actual

Las medidas de seguridad se cumplirán en los centros adecuados, públicos o concertados de las Administraciones públicas competentes por razón de la materia y del territorio.

Propuesta

Artículo 20. Medidas de seguridad de libertad vigilada y custodia familiar.

Las medidas de seguridad de libertad vigilada y custodia familiar se ejecutarán con los recursos adecuados, públicos o concertados, de las Administraciones públicas competentes por razón de la materia y del territorio.

Artículo 21. Competencia de la Administración Penitenciaria.

Regulación actual

La Administración penitenciaria será competente para la ejecución de las medidas privativas de libertad de internamiento en establecimiento o unidad psiquiátrica penitenciaria.

Propuesta

La Administración penitenciaria será competente para la supervisión de la ejecución de las medidas de seguridad de libertad vigilada y custodia familiar y la pena de localización permanente fuera del centro penitenciario.

Artículo. 22. Cumplimiento en establecimiento o unidad psiquiátrica.

Regulación actual

1. Cuando la autoridad judicial acuerde la imposición de una medida de seguridad de internamiento en un establecimiento o unidad psiquiátrica penitenciaria, se estará a lo dispuesto en los artículos 183 a 191 del Reglamento Penitenciario vigente.

2. Lo dispuesto en el apartado anterior es también aplicable a los casos en los que el Juez de Vigilancia Penitenciaria imponga una medida de seguridad de internamiento al amparo de lo previsto en el artículo 60 del Código Penal.

Propuesta

Artículo 22. Ejecución por los servicios de gestión de penas y medidas no privativas de libertad.

1. Recibida la resolución o mandamiento judicial que determine las obligaciones de la libertad vigilada, así como los particulares necesarios, cuando se imponga algunos de los deberes u obligaciones previstos en el artículo 106 del Código Penal, o la medida de custodia familiar o la

localización permanente, los servicios que gestionan las penas y medidas no privativas de libertad del lugar donde la persona sometida tenga fijada su residencia realizarán las actuaciones necesarias para hacer efectivo su cumplimiento.

2. Recibida la documentación prevista en el apartado anterior en los servicios de gestión de penas y medidas no privativas de libertad, se procederá al estudio y valoración de la situación de la persona sometida a medida de seguridad y, en atención a la misma, se elaborará el Programa Individual de Rehabilitación y Reinserción, que se comunicará para su conocimiento al órgano jurisdiccional competente para la ejecución.

3. Si las circunstancias de la persona internada hicieran necesario modificar alguna de las obligaciones inicialmente impuestas, se realizará la propuesta en el Programa Individual de Rehabilitación y Reinserción y se estará a la espera de lo que resuelva el órgano jurisdiccional competente para la ejecución.

4. Cuando la persona sometida a medida de seguridad se oponga al cumplimiento del Programa Individual de Rehabilitación y Reinserción, se informará al órgano jurisdiccional competente para la ejecución, a los efectos que considere oportunos

5. Cuando corresponda, los servicios de gestión de penas y medidas no privativas de libertad remitirán el caso al servicio o centro correspondiente, para que la persona sometida a medida de seguridad inicie o continúe el tratamiento o programa judicialmente establecido.

6. Los servicios de gestión de penas y medidas no privativas de libertad efectuarán el control de las condiciones fijadas en el Programa Individual de Rehabilitación y Reinserción.

Artículo. 24. Órganos penitenciarios competentes.

Regulación actual

1. La Administración penitenciaria, a través de los servicios de gestión de penas y medidas alternativas del lugar donde el penado tenga fijada su residencia, recibirá las resoluciones judiciales, así como los particulares necesarios, dentro de su ámbito competencial.

2. No obstante, en el caso de la pena de localización permanente en establecimiento penitenciario, libertad vigilada pospenitenciaria y medidas de seguridad privativas de libertad, en su caso, dicha comunicación se efectuará al establecimiento penitenciario en el que se encuentre ingresado.

Propuesta

1. La Administración penitenciaria, a través de los servicios de gestión de penas y medidas no privativas de libertad del lugar donde el penado tenga fijada su residencia, recibirá las resoluciones judiciales, así como los particulares necesarios, dentro de su ámbito competencial.

2. No obstante, en el caso de la pena de localización permanente en establecimiento penitenciario, libertad vigilada postpenitenciaria y medidas de seguridad privativas de libertad, en su caso, dicha comunicación se efectuará al establecimiento penitenciario en el que se encuentre ingresado.

Justificación común a los cuatro artículos

Las medidas de seguridad privativas de libertad han de regularse en el Reglamento Penitenciario, en coherencia con el objeto de esta norma previsto en el art. 1 RP de conformidad con el art. 1 LOGP.

Se modifica por tanto completamente la rúbrica y el contenido de este Capítulo V, que incluye por tanto ahora en estos preceptos la regulación de la actuación de las administraciones penitenciarias, a través de los servicios de gestión de penas y medidas no privativas de libertad, en relación con todas medidas de seguridad no privativas de libertad y la localización permanente fuera de centro penitenciario.

Si bien puede resultar adecuado, como se hizo en 2010, excluir respecto de estas la competencia de los Juzgados de Vigilancia Penitenciaria, atribuyéndola a los órganos judiciales competentes para la ejecución, estos, por sus funciones y medios, no tienen capacidad para la ejecución material y la relación con los recursos públicos y privados comunitarios para la ejecución de la libertad vigilada, sobre todo "La obligación de participar en programas formativos, laborales, culturales, de educación sexual u otros similares." o "La obligación de seguir tratamiento médico externo, o de someterse a un control médico periódico" o la custodia familiar, o la custodia familiar o la localización permanente fuera de centro penitenciario.

Por ello, se establece que los servicios de gestión de penas y medidas dependientes de las administraciones penitenciarias, creados en 2011, se encarguen del seguimiento de su ejecución al servicio del órgano judicial competente para la ejecución, lo cual además permitirá que estos servicios tengan una visión global de todas las penas y medidas impuestas a una persona de la que el órgano judicial carecerá.

Para determinar el concreto modo de proceder, en este artículo 22 propuesto se toma como base, mutatis mutandis, lo previsto para el seguimiento de las suspensiones de la ejecución de la pena privativa de libertad o de la pena de trabajos en beneficio de la comunidad regulado en el propio Real Decreto.

Se modifica el art. 24 para adecuarlo a la nueva denominación de los servicios. No se propone modificar el número 2, porque es coherente que en esas penas y medidas la resolución judicial sea recibida en el establecimiento penitenciario donde la persona estuviera ingresada, sin perjuicio de que luego la ejecución se produzca en el medio abierto bajo la supervisión de los servicios de gestión de penas y medidas.

PROPUESTA DE REGULACIÓN DE LOS ASPECTOS DE DERECHO PROCESAL PENAL DE LOS ENCAUSADOS CON ENFERMEDAD MENTAL O DISCAPACIDAD INTELECTUAL

1º. La propuesta que se formula trata de dotar de un estatuto integral dentro del proceso penal a la persona que presenta discapacidad o trastorno mental que ocupa la posición de investigado o acusado.

Como principio general inspirador, puede indicarse el principio de igualdad en el acceso a la justicia. Se formulan así normas que se dirigen, primero, a la detección de problemas de discapacidad en el ámbito de la justicia penal y, seguidamente, de apreciarse, a promover la igualdad en el acceso a la misma, mediante medidas dirigidas a facilitar su comprensión del proceso y la interacción en el mismo. Medidas que en caso de déficits significativos de comprensión pueden consistir incluso en la asistencia de personal de apoyo que complemente su capacidad disminuida.

Además de exigida por el principio constitucional de igualdad, esta regulación viene impulsada por varias normas internacionales. En particular, la Convención de Naciones Unidas sobre discapacidad de 2006 ("Convención Internacional sobre los Derechos de las Personas con Discapacidad"), ratificada por España en 2008 (BOE de 21 de abril de 2008). Exige en su art. 13 que los Estados Parte aseguren que las personas con discapacidad tengan acceso a la justicia en igualdad de condiciones con las demás, incluso mediante ajustes de procedimiento y adecuados a la edad, para facilitar el desempeño de las funciones efectivas de esas personas como participantes directos e indirectos, incluida la declaración como testigos, en todos los procedimientos judiciales, con inclusión de la etapa de investigación y otras etapas preliminares. Y que adopten las medidas pertinentes para proporcionar acceso a las personas con discapacidad al apoyo que puedan necesitar en el ejercicio de su capacidad jurídica (art.12. 2).

En el marco de la Unión Europea, la Recomendación de la Comisión de 27 de noviembre de 2013 relativa a las garantías procesales para las personas vulnerables sospechosas o acusadas en procesos penales (2013/C 378/02) conmina a los Estados miembros a reforzar los derechos procesales de los sospechosos o acusados que no puedan comprender y participar eficazmente en un proceso penal debido a su edad, su condición mental o física o sus discapacidades (los que en su articulado llama «personas vulnerables»).

En el ámbito del proceso penal apenas se han hecho aún las modificaciones necesarias. Sí, en cambio, en el ámbito civil, por medio de la Ley 8/2021, de 2 de junio, por la que se reforma la legislación civil y procesal para el apoyo a las personas con discapacidad en el ejercicio de su capacidad jurídica (BOE» núm. 132, de 03 de junio de 2021). Se establece un nuevo Título XI del Libro I en la Código Civil que trata "De las medidas de apoyo a las personas con discapacidad para el ejercicio de su capacidad jurídica" (arts. 249 a 299 bis). Asimismo, en la LEC cabe destacar el nuevo artículo 7 bis LEC relativo a los "Ajustes para personas con discapacidad" en el ámbito del proceso, que introduce la figura del "facilitador" en los casos en que se precisa un profesional experto que realice tareas de adaptación y ajuste necesarias para que la persona con discapacidad pueda participar conscientemente en el proceso.

La propuesta que se efectúa con respecto al estatuto del encausado que presenta discapacidad en el proceso penal ha tomado en consideración, además de las normas internacionales citadas, la regulación en el ámbito procesal civil mencionada y la que se propone en el Anteproyecto de Ley de Enjuiciamiento penal de 2020. Este cuenta con un cuerpo de normas relativas al estatuto de la persona encausada con discapacidad (Capítulo II del Tít. II), en los arts. 61 ss.

2º. Seguidamente, se dedica otro grupo de normas a la previsión de medidas cautelares específicas para los casos de trastorno mental o discapacidad, además de adaptaciones de algunas de las medidas cautelares existentes. El Manifiesto ya mencionaba la necesidad de prever como medida cautelar el internamiento psiquiátrico, ante el vacío legal existente al respecto. Cabe también destacar la medida cautelar de seguimiento de tratamiento médico ambulatorio psiquiátrico.

3º. También recogiendo los acuerdos del Manifiesto acerca de la imposibilidad de mantener el actual art.383 LECr, se aborda la cuestión del tratamiento de los casos de incapacidad procesal, distinguiendo, al modo que se efectúa en el Derecho Comparado, entre aquellos que al tiempo del hecho eran imputables, de modo que el trastorno mental o la discapacidad es sobrevenida, de aquellos que al tiempo del hecho ya la presentaban, siendo inimputables. La solución que se proporciona es también acorde con la que hallamos en Derecho Comparado y los proyectos de reforma de la LECr, tanto el de 2013 como el de 2020.

En definitiva y recapitulando, el tratamiento procesal de la discapacidad se desenvuelve fundamentalmente en tres bloques normativos:

1. estatuto jurídico del discapaz en el proceso y la institución de apoyo,
2. medidas cautelares,
3. tratamiento de la incapacidad procesal.

Los anteriores se desarrollan prácticamente ex novo, al no existir regulación previa. Entendemos que deberían situarse en el Título o Capítulo independiente. Teniendo en cuenta que la previsión, ya desde hace años, no es la reforma de la LECr, sino la sustitución por una nueva, ante la antigüedad de la existente, hemos optado por no dar número a esos artículos dentro del articulado actual (para no incurrir en los consabidos art.X bis, ter, quáter), y darles simplemente unos números correlativos, que facilitarán referirse a cada uno dentro del debate.

4º. Finalmente, existen algunas normas dispersas en la LECr que pueden tener relevancia para la materia que tratamos, respecto de las que se hace la correspondiente propuesta de mantenimiento, supresión o reforma.

MODIFICACIONES PROPUESTAS A LA LEY DE ENJUICIAMIENTO CRIMINAL

Se propone el mantenimiento de los arts. 118, 124, 125, 127 y 520, salvo algunas pequeñas modificaciones, para adaptar la terminología empleada a las modificaciones que se han producido en el Código civil y la Ley de Enjuiciamiento Civil por la ya mencionada Ley 8/2021, de 2 de junio, por la que se reforma la legislación civil y procesal para el apoyo a las personas con discapacidad en el ejercicio de su capacidad jurídica.

Propuesta

Tit. V. CAPÍTULO I Del derecho a la defensa y a la asistencia jurídica gratuita.

Artículo 118

1. Toda persona a quien se atribuya un hecho punible podrá ejercitar el derecho de defensa, interviniendo en las actuaciones, desde que se le comunique su existencia, haya sido objeto de detención o de cualquier otra medida cautelar o se haya acordado su procesamiento, a cuyo efecto se le instruirá, sin demora injustificada, de los siguientes derechos:

a) Derecho a ser informado de los hechos que se le atribuyan, así como de cualquier cambio relevante en el objeto de la investigación y de los hechos imputados. Esta información será facilitada con el grado de detalle suficiente para permitir el ejercicio efectivo del derecho de defensa.

b) Derecho a examinar las actuaciones con la debida antelación para salvaguardar el derecho de defensa y en todo caso, con anterioridad a que se le tome declaración.

c) Derecho a actuar en el proceso penal para ejercer su derecho de defensa de acuerdo con lo dispuesto en la ley.

d) Derecho a designar libremente abogado, sin perjuicio de lo dispuesto en el apartado 1 a) del artículo 527.

e) Derecho a solicitar asistencia jurídica gratuita, procedimiento para hacerlo y condiciones para obtenerla.

f) Derecho a la traducción e interpretación gratuitas de conformidad con lo dispuesto en los artículos 123 y 127.

g) Derecho a guardar silencio y a no prestar declaración si no desea hacerlo, y a no contestar a alguna o algunas de las preguntas que se le formulen.

h) Derecho a no declarar contra sí mismo y a no confesarse culpable.

La información a que se refiere este apartado se facilitará en un lenguaje comprensible y que resulte accesible. A estos efectos se adaptará la información a la edad del destinatario, su grado de madurez, discapacidad y cualquier otra circunstancia personal de la que pueda derivar una modificación de la capacidad para entender el alcance de la información que se le facilita. En caso de tener designada persona de apoyo a su capacidad, se informará también a esta.

Artículo 124

(...)3. Cuando el Tribunal, el Juez o el Ministerio Fiscal, de oficio o a instancia de parte, aprecie que la traducción o interpretación no ofrecen garantías suficientes de exactitud, podrá ordenar la realización de las comprobaciones necesarias y, en su caso, ordenar la designación de un nuevo traductor o intérprete. En este sentido, las personas sordas o con discapacidad auditiva que aprecien que la interpretación no ofrece garantías suficientes de exactitud, podrán solicitar la designación de un nuevo intérprete.

Artículo 125

1. Cuando se pongan de manifiesto circunstancias de las que pueda derivarse la necesidad de la asistencia de un intérprete o traductor, el Presidente del Tribunal o el Juez, de oficio o a instancia del Abogado del imputado o acusado, comprobará si éste conoce y comprende suficientemente la lengua oficial en la que se desarrolle la actuación y, en su caso, ordenará que se nombre un intérprete o un traductor conforme a lo dispuesto en el artículo anterior y determinará qué documentos deben ser traducidos.(...)

Artículo 127

Las disposiciones contenidas en los artículos precedentes son igualmente aplicables a las personas con discapacidad sensorial, que podrán contar con medios de apoyo a la comunicación oral.

CAPÍTULO IV Del ejercicio del derecho de defensa, de la asistencia de Abogado y del tratamiento de los detenidos y presos.

Artículo 520

2. Toda persona detenida o presa será informada por escrito, en un lenguaje sencillo y accesible, en una lengua que comprenda y de forma inmediata, de los hechos que se le atribuyan y las razones motivadoras de su privación de libertad, así como de los derechos que le asisten y especialmente de los siguientes:....

h) Derecho a ser asistido gratuitamente por un intérprete, cuando se trate de extranjero que no comprenda o no hable el castellano o la lengua oficial de la actuación de que se trate, o de personas sordas o con discapacidad auditiva, así como de otras personas con dificultades del lenguaje (...).

2 bis. La información a que se refiere el apartado anterior se facilitará en un lenguaje comprensible y que resulte accesible al destinatario. A estos efectos se adaptará la información a su edad, grado de madurez,

discapacidad y cualquier otra circunstancia personal de la que pueda derivar una limitación de la capacidad para entender el alcance de la información que se le facilita. (...)

4. (...) Si el detenido tuviere previstas medidas de apoyo a su capacidad, la información prevista en el apartado 2 de este artículo se comunicará a quienes ejerzan la curatela o guarda de hecho del mismo, dando cuenta al Ministerio Fiscal.

Si el detenido menor o con medidas de apoyo a su capacidad fuera extranjero, el hecho de la detención se notificará de oficio al Cónsul de su país.

Justificación

Como apuntamos, son escasas las normas que en nuestra Ley procesal penal vigente atienden a la discapacidad del encausado, ya sea investigado o acusado. Las indicadas son las únicas, y atienden al momento en que el investigado es informado de sus derechos, instando a que sea en lenguaje comprensible, ello en particular cuando viene detenido. A ello se unen normas que conciernen a un caso particular de discapacidad, el de las personas con discapacidad auditiva u otro tipo de discapacidad sensorial, para las que se prevé la asistencia si es preciso de un intérprete.

Estas previsiones responden a las recomendaciones y mandatos de varias disposiciones comunitarias. En particular a la Directiva 2012/ 13/ UE del Parlamento Europeo y del Consejo, de 22 de mayo de 2012, relativa al derecho a la información en los procesos penales (considerandos 26 y 38), la Directiva 2010/ 64/ UE del Parlamento Europeo y del Consejo, de 20 de octubre de 2010, relativa al derecho a interpretación y traducción en los procesos penales y, finalmente, la Recomendación de la Comisión de 27 de noviembre de 2013, relativa a las garantías procesales para las personas vulnerables sospechosas o acusadas en procesos penales (2013/C 378/02). Esta última conmina a los Estados miembros a reforzar los derechos procesales de los sospechosos o acusados que no puedan comprender y participar eficazmente en un proceso penal debido a su edad, su condición mental o física o sus discapacidades (los que en su articulado llama «personas vulnerables»). Dentro del catálogo de derechos que reconoce (secc. 3ª) destaca el "Derecho a la información", en el sentido de exigir que las personas con discapacidad deben recibir, a petición propia, información relativa a sus derechos procesales en una forma que les resulte comprensible.

La propuesta que se efectúa es la de mantenimiento de estas referencias ya existentes en la LECr, y además la inclusión del Capítulo que después veremos con rúbrica "Medidas de apoyo para el encausado con discapacidad", dentro de un Título específico sobre el tratamiento procesal del encausado discapaz.

Respecto a la **PRISIÓN PROVISIONAL ATENUADA**

Artículo 508

Regulación actual

1. El juez o tribunal podrá acordar que la medida de prisión provisional del investigado o encausado se verifique en su domicilio, con las medidas de vigilancia que resulten necesarias, cuando por razón de enfermedad el internamiento entrañe grave peligro para su salud. El juez o tribunal podrá autorizar que el investigado o encausado salga de su domicilio durante las horas necesarias para el tratamiento de su enfermedad, siempre con la vigilancia precisa.

2. En los casos en los que el investigado o encausado se hallara sometido a tratamiento de desintoxicación o deshabituación a sustancias estupefacientes y el ingreso en prisión pudiera frustrar el resultado de dicho tratamiento, la medida de prisión provisional podrá ser sustituida por el ingreso en un centro oficial o de una organización legalmente reconocida para continuación del tratamiento, siempre que los hechos objeto del procedimiento sean anteriores a su inicio. En este caso el investigado o

encausado no podrá salir del centro sin la autorización del juez o tribunal que hubiera acordado la medida.

Propuesta

1. El juez o tribunal podrá acordar que la medida de prisión provisional del investigado o encausado se verifique en su domicilio, con las medidas de vigilancia que resulten necesarias, cuando por razón de enfermedad el internamiento entrañe grave peligro para su salud. El juez o tribunal podrá autorizar que el investigado o encausado salga de su domicilio durante las horas necesarias para el tratamiento de su enfermedad, siempre con la vigilancia precisa.

2. En los casos en los que el investigado o encausado se hallara sometido a tratamiento psiquiátrico, o de desintoxicación o deshabituación a sustancias estupefacientes y el ingreso en prisión pudiera frustrar el resultado de dicho tratamiento, la medida de prisión provisional podrá ser sustituida en el primer caso por el ingreso en un centro psiquiátrico público o privado debidamente acreditado, y en el segundo, por el ingreso en un centro oficial o de una organización legalmente reconocida para continuación del tratamiento, siempre que los hechos objeto del procedimiento sean anteriores a su inicio. En este caso el investigado o encausado no podrá salir del centro sin la autorización del juez o tribunal que hubiera acordado la medida.

Justificación

Se modifica la regulación de la que se conoce como "prisión atenuada" para incluir no sólo los casos en que es conveniente la sustitución por permanencia en domicilio (supuesto previsto en el n.º 1 del precepto) o estancia en centro de deshabituación (supuesto previsto en el n.º 2), sino también un supuesto no previsto, como es la sustitución por ingreso o permanencia en establecimiento sociosanitario para recibir tratamiento psiquiátrico.

No es suficiente la previsión como medida cautelar del internamiento psiquiátrico, porque este presupone la previsible concurrencia de una situación de inimputabilidad al tiempo del hecho. Quedaban huérfanos de regulación los supuestos en que no concurre tal presupuesto y surge la necesidad de tratamiento psiquiátrico con posterioridad, que puede verse perjudicado por el ingreso en prisión provisional.

Recogemos, de este modo, una propuesta ya aprobada por el GEPC, en "Una propuesta alternativa al sistema de penas y su ejecución, y a las medidas cautelares personales" (2004). La llamada "custodia en establecimiento sociosanitario" se prevé en la regla 6 y define en la Regla 14 como: "el ingreso o permanencia, si ya estuviera acogido, del imputado en un establecimiento cerrado, para recibir tratamiento médico, psiquiátrico o de deshabituación a drogas de abuso o alcohol. El encartado no podrá salir de la institución sin previa autorización judicial, que siempre atenderá a las indicaciones terapéuticas". No distingue entre quienes eran imputables e inimputables al tiempo del hecho. La "Justificación" de la propuesta precisamente alude a que se prevé como una especie de prisión atenuada: "Se trata de una prisión atenuada, homogénea a las medidas de seguridad materialmente equivalentes, que pretende no interrumpir procesos terapéuticos en los que pueda hallarse el imputado o acomodar su régimen de privación de libertad a su situación".

Respecto a las DILIGENCIAS PARA DETERMINAR LA INIMPUTABILIDAD O LA CAPACIDAD PARA SER JUZGADO Informes médico-forenses. Observación psiquiátrica.

Artículo 381

Regulación actual

Si el Juez advirtiese en el procesado indicios de enajenación mental, le someterá inmediatamente a la observación de los Médicos forenses en el establecimiento en que estuviese preso, o en otro público si fuere más a propósito o estuviese en libertad.

Los Médicos darán en tal caso su informe del modo expresado en el capítulo VII de este título.

Artículo 382

Regulación actual

Sin perjuicio de lo dispuesto en el artículo anterior, el Juez recibirá información acerca de la enajenación mental del procesado, en la forma prevenida en el artículo 380.

Propuesta

Artículo 381. Informes médico-forenses. Observación psiquiátrica.

1. Desde el momento en que existan indicios de que el encausado cometió el hecho concurriendo alguna de las circunstancias establecidas en los números 1º, 2º y 3º del artículo 20 del Código Penal, el Juez recabará los informes médicos precisos para evaluar su imputabilidad y, en su caso, su capacidad procesal.

A tal efecto, acordará que sea examinado por el médico forense, preferentemente especialista y, si hubiese recibido tratamiento psiquiátrico con anterioridad, recabará la información médica existente al respecto.

2. Si la evaluación de la capacidad de la persona investigada no pudiera hacerse de modo ambulatorio o fuera necesario someterla a observación continuada, el Juez podrá acordar el internamiento en un establecimiento adecuado para su custodia, observación y tratamiento. El juez resolverá después de haber oído al interesado y a su defensor y de haber recabado el informe médico forense.

3. El internamiento no durará más del tiempo imprescindible para emitir el dictamen y en ningún caso excederá de treinta días.

Justificación

Dentro de este apartado trataremos dos cuestiones. Por un lado, las diligencias a practicar sobre el investigado o acusado cuando existen indicios de inimputabilidad al tiempo del hecho, o bien de incapacidad procesal en un momento posterior durante el procedimiento o en el momento del Juicio oral. Por otro, la diligencia de observación psiquiátrica como medio para verificar el examen de inimputabilidad.

El precepto contempla así, en primer término, la necesidad de reconocimiento forense cuando existe sospecha de inimputabilidad o de falta de capacidad procesal, una diligencia que, como es lógico, ya es habitual en la práctica judicial cuando se dan tales presupuestos.

Siguiendo la propuesta del Manifiesto, que recoge la necesidad de especialización del personal médico forense adscrito a los juzgados, que favorezca la correcta valoración de la prueba sobre el estado mental del acusado, se indica que el informe sea elaborado preferentemente por médico especialista. No se formula de modo obligatorio, habida cuenta, por un lado, de la inexistencia de médicos forenses psiquiatras suficientes en la actualidad, y también de que en muchos casos puede no estimarse imprescindible, cuando existe ya diagnóstico previo. En efecto, en ocasiones el concernido cuenta con un historial psiquiátrico en la sanidad pública lo suficientemente detallado y con diagnóstico formulado, que permite que el médico forense no especialista pueda efectuar su informe. En otros, cuando no exista dicha información documental previa, sí puede estimarse necesaria la intervención de especialista, y así será cuando se acuerde la medida de observación psiquiátrica a que a continuación se hace referencia.

En efecto, seguidamente se establece la posibilidad de acordar el internamiento para observación psiquiátrica cuando es imprescindible para la práctica de tal informe forense de inimputabilidad o incapacidad procesal, por no poderse llevar a cabo de modo ambulatorio, bien por falta de colaboración del investigado o por ser necesario el someterlo a observación continuada. Se mantiene así la diligencia de investigación actualmente prevista en el art.381 LECr, si bien su regulación se rodea de mayores garantías.

Recordemos que esta diligencia no coincide con la medida cautelar de internamiento psiquiátrico. Su constitucionalidad fue avalada por el Tribunal Constitucional en su Auto de 18.7.1994 (n.° 230/1994).

La adopción de la medida ha de hacerse previo informe forense sobre su necesidad y previa audiencia a las partes y el afectado. Dado su carácter intrusivo, se somete a un límite de duración de 30 días, en línea con el plazo previsto por el Anteproyecto de LECr de 2020.

Respecto a LA INCAPACIDAD PROCESAL ABSOLUTA

Artículo 383

Regulación actual

Si la demencia sobreviniera después de cometido el delito, concluso que sea el sumario se mandará archivar la causa por el Tribunal competente hasta que el procesado recobre la salud, disponiéndose además respecto de éste lo que el Código Penal prescribe para los que ejecutan el hecho en estado de demencia.

Si hubiese algún otro procesado por razón del mismo delito que no se encontrase en el caso del anterior, continuará la causa solamente en cuanto al mismo.

Propuesta

Supresión y sustitución por los preceptos del Capítulo 3º del nuevo Título relativo a un tratamiento integral de la discapacidad en el proceso que después veremos.

Respecto al SOBRESEIMIENTO O CONTINUACION DEL PROCEDIMIENTO PENAL EN EL CASO DE INIMPUTABLES, arts. 637 y 782.1

(Relativo al procedimiento sumario ordinario) Artículo 637

Regulación actual

Procederá el sobreseimiento libre:

1.º Cuando no existan indicios racionales de haberse perpetrado el hecho que hubiere dado motivo a la formación de la causa.
2.º Cuando el hecho no sea constitutivo de delito.

3.º Cuando aparezcan exentos de responsabilidad criminal los procesados como autores, cómplices o encubridores.

(Relativo al procedimiento abreviado) Artículo 782.1

Regulación actual

Si el Ministerio Fiscal y el acusador particular solicitaren el sobreseimiento de la causa por cualquiera de los motivos que prevén los artículos 637 y 641, lo acordará el Juez, excepto en los supuestos de los números 1º, 2º, 3º, 5º y 6º del artículo 20 del Código Penal, en que devolverá las actuaciones a las acusaciones para calificación, continuando el juicio hasta sentencia, a los efectos de la imposición de medidas de seguridad y del enjuiciamiento de la acción civil, en los supuestos previstos en el Código Penal.

Al acordar el sobreseimiento, el Juez de Instrucción dejará sin efecto la prisión y demás medidas cautelares acordadas.

Propuesta

El GEPC deja constancia de la existencia de contradicción entre ambas normas y de la necesidad de reforma, en líneas generales en el sentido del art.782.1 LECr, que de hecho es ya solución que se sigue en la práctica. Es decir, cuando hay indicios de la concurrencia de una causa de inimputabilidad, el procedimiento no se sobresee, sino que continúa para la imposición de una medida de seguridad si procede. No obstante, se ha optado por no efectuar propuesta en este momento, al ser preceptos que afectan a cuestiones más amplias que la que ocupa esta propuesta, como son los supuestos de sobreseimiento de una causa penal.

Justificación

Si bien como se ha dicho el Grupo ha decidido no efectuar propuesta legislativa en este momento, al ser preceptos que afectan a cuestiones más amplias que el tratamiento en el proceso penal de los supuestos de discapacidad en el encausado, como son los motivos de sobreseimiento de una causa penal, sí debe dejarse constancia de la necesidad de su reforma.

La nueva regulación debe ser común para todos los procedimientos penales, frente a la actual regulación, que da respuesta diferente a los casos en que el acusado es inimputable en el procedimiento ordinario y aquellos en que lo es en el procedimiento abreviado. Como la doctrina ha destacado, no tiene sentido la existencia de una regulación contradictoria en la LECr sobre el curso que debe seguir en proceso cuando se aprecia en fase instructora que el sujeto ha podido cometer el hecho en situación de inimputabilidad: el sobreseimiento libre en el caso del procedimiento ordinario y, en el caso del procedimiento abreviado, la continuación de procedimiento para la imposición de medida de seguridad.

Obviamente la solución más racional es esta última, como también indica la doctrina, de otro modo no tendría sentido el diseño en el Código Penal de un sistema dualista de respuesta al delito. No impondríamos nunca medidas de seguridad si los procedimientos en los que se aprecia inimputabilidad al tiempo del hecho se sobreseen y archivan de modo definitivo. Y, en todo caso, no se aplica en la práctica, pues es obvio que si se estima precisa la imposición de medida de seguridad el procedimiento continúa también cuando se trata de un sumario ordinario.

La explicación, como ha apuntado la doctrina, es simplemente que el precepto relativo al procedimiento abreviado es más moderno (procedente de la reforma de Ley 38/ 2002), y entonces se olvidó la reforma del otro, procedente de un tiempo preconstitucional en que aún existían las medidas de seguridad predelictuales y por ello no era necesario la continuación del procedimiento hasta el juicio oral para su imposición.

Respecto al Procedimiento de DECOMISO AUTONOMO para el incapaz que no puede ser juzgado ni sometido a un procedimiento para imposición de medida de seguridad

CAPÍTULO II Procedimiento de decomiso autónomo. Artículo 803 ter e. Objeto.

Regulación actual

1. Podrá ser objeto del procedimiento de decomiso autónomo regulado en el presente Título la acción mediante la cual se solicita el decomiso de bienes, efectos o ganancias, o un valor equivalente a los mismos, cuando no hubiera sido ejercitada con anterioridad, salvo lo dispuesto en el artículo 803 ter p.

2. En particular, será aplicable este procedimiento en los siguientes casos:

a) Cuando el fiscal se limite en su escrito de acusación a solicitar el decomiso de bienes reservando expresamente para este procedimiento su determinación.

b) Cuando se solicite como consecuencia de la comisión de un hecho punible cuyo autor haya fallecido o no pueda ser enjuiciado por hallarse en rebeldía o incapacidad para comparecer en juicio.

Propuesta

Mantenimiento

Justificación

El procedimiento de decomiso autónomo se ideó e introdujo en la LECr por Ley 41/ 2015 para dar solución a las necesidades de decomiso de bienes procedentes de un delito en casos en que el acusado no puede ser juzgado. Además del supuesto del acusado rebelde, por estar en ignorado paradero, y el rebelde, se recogió ya el del incapaz para ser sometido a juicio por presentar incapacidad procesal.

De acuerdo con la propuesta que se efectúa, y en línea también con lo ya establecido en el art. 383 LECr actual para el que está pensado, este procedimiento se aplicaría en los casos en que haya petición de decomiso de bienes y el acusado, que era imputable al tiempo del hecho, no pueda ser juzgado por haber sobrevenido una situación de incapacidad total para ello.

Nuevo Título
EL ENCAUSADO CON DISCAPACIDAD

Capítulo 1 MEDIDAS DE APOYO PARA EL ENCAUSADO CON DISCAPACIDAD

Artículo 1. Concepto de discapacidad en el ámbito del proceso penal.

A los efectos de esta ley, se entiende por discapacidad la situación en que se encuentre una persona con limitaciones físicas o psíquicas que le impidan o dificulten comprender el significado y las consecuencias del proceso que se sigue en su contra o que le limiten o imposibiliten para valerse por sí misma en el ejercicio de sus derechos o en el cumplimiento de sus obligaciones procesales.

Articulo 2 .Derecho a participar eficazmente en el proceso.

1. El encausado con discapacidad tiene derecho a participar eficazmente en el proceso.

Los actos procesales que se practiquen con él y, en particular, las diligencias de investigación que requieran su presencia, se adaptarán a las necesidades derivadas de su discapacidad, adoptando las medidas de ayuda a la comunicación que sean adecuadas y proporcionadas a su grado de discapacidad, garantizando que comprenda el significado de los actos procesales que le afecten y de las decisiones que se adopten en relación con ellos.

2. Respecto de aquellas actuaciones procesales en que se encuentre limitado o impedido para ello, tendrá derecho a la asistencia de una persona de apoyo, a designar conforme a lo previsto en el art. 4, en incidente en el que se determinará la necesidad de apoyo a la persona discapacitada y en su caso la extensión del mismo, salvo que estuviera ya establecida voluntaria o judicialmente en el procedimiento civil.

3. El encausado con discapacidad tiene derecho a tomar sus propias decisiones a lo largo del proceso siempre que esto resulte posible, y en todo caso de conformidad con el auto que determine la prestación de apoyos.

Justificación

En el primer precepto de la propuesta regulativa se da una noción de discapacidad a los efectos de la ley procesal penal, referida en particular a la capacidad de comprender e interactuar en el proceso penal, del mismo modo que, por ejemplo, la que se da en el art. 25 del CPe lo es a los efectos de dicha ley penal sustantiva. Lo mismo que esta última, la apreciación de discapacidad a los efectos del proceso penal es independiente de la existencia de una declaración judicial previa.

El siguiente precepto tiene carácter programático e inspirador de todas las normas relativas al estatuto de la persona con discapacidad que interviene en el proceso penal como investigado, procesado o acusado (esto es, como "encausado", por referirnos a un término que englobaría cualquiera de estas situaciones), al recogerse sus derechos básicos, sintetizados en el derecho a participar eficazmente en el proceso en condiciones de igualdad.

Los derechos que se relacionan, como pusimos de manifiesto en la introducción, vienen inspirados en normas internacionales que nuestro ordenamiento ha suscrito, como la Convención de Naciones Unidas sobre discapacidad de 2006, que exige en su art. 13 que los Estados Partes aseguren que las personas con discapacidad tengan acceso a la justicia en igualdad de condiciones con respecto a las demás, incluso mediante ajustes de procedimiento adecuados, y la Recomendación de la Comisión Europea de 27 de noviembre de 2013 relativa a las garantías procesales para las personas vulnerables sospechosas o acusadas en procesos penales (2013/C 378/02), que también conmina a los Estados miembros a reforzar los derechos procesales de los sospechosos o acusados que no puedan comprender y participar eficazmente en un proceso penal debido a su discapacidad.

Artículo 3 .Medidas inmediatas.

Tan pronto como la policía, el Ministerio fiscal o la autoridad judicial sospechen que el investigado padece alguna discapacidad que pueda afectar a su participación eficaz en el proceso, en cualquier fase que este se encuentre, adoptarán las prevenciones siguientes:

a) Le informarán de sus derechos procesales en una forma que le resulte comprensible.

b) Realizarán las averiguaciones necesarias para determinar si tiene designada institución de apoyo y recabarán la inmediata presencia de la persona que la integre, a quien informarán de los derechos procesales del encausado.

De no existir persona nombrada, se procurará la presencia de un familiar o persona de su entorno que resulte idónea a estos fines y con la que no tenga conflicto de intereses.

c) Grabarán mediante medios audiovisuales todo interrogatorio que se practique.

d) Acordarán su reconocimiento médico o psicológico forense, a fin de que se identifique su discapacidad, alcance y necesidades específicas.

Artículo 4. Medidas de apoyo.

1. En caso de que, a la vista del informe médico-forense, se aprecie dicha discapacidad, se seguirá el incidente siguiente para la adopción de medidas de apoyo, salvo que dichas medidas estuvieran ya establecidas voluntaria o judicialmente en el ámbito civil.

2. Dicho incidente puede ser iniciado de oficio, a instancia del Ministerio fiscal o el encausado. También estará legitimado para ello su cónyuge no separado de hecho o legalmente o quien se encuentre en una situación de hecho asimilable, así como sus descendientes, ascendientes, o hermanos.

3. El juez o tribunal de oficio o recibida la solicitud anterior, convocará una audiencia en la que oirá al encausado, al Ministerio fiscal y a las demás partes. En el curso de la misma se practicarán las pruebas propuestas y admitidas, se oirá a los familiares más próximos del interesado con quien no tenga conflicto de intereses y se practicarán los reconocimientos periciales necesarios para adoptar una decisión fundada.

La resolución que se dicte en ningún caso predeterminará el pronunciamiento sobre la imputabilidad del sujeto.

4. El juez o tribunal acordará, en su caso, las medidas de apoyo que deban introducirse para salvaguardar el derecho de defensa y establecerá las actuaciones procesales, ya sean actos de información, comunicación, emisión del consentimiento o cualesquiera otros, en los que el encausado haya de estar asistido.

Excepcionalmente, cuando la situación de discapacidad no admita modulación, la asistencia podrá referirse a todos los actos del proceso.

5. Para determinar la persona que ha de integrar la institución de apoyo, se seguirán las siguientes reglas:

> 1.ª. Si ya hubiese una persona designada con arreglo a la legislación civil, la llamará al proceso, determinando, en la misma resolución, el alcance de la asistencia que ha de prestar al encausado.
>
> 2.ª. Si no hubiera persona civilmente designada, o no fuera posible su intervención en el proceso, designará a la persona o institución que resulte más idónea, que no podrá ser un miembro del Ministerio Fiscal ni el abogado encargado de la defensa. La persona o institución designada habrá de aceptar el nombramiento.

6. La resolución que establezca la institución de apoyo para un concreto proceso penal se inscribirá en el Registro Civil.

Artículo 5

1. El Letrado de la Administración de Justicia informará a la persona que integre la institución de apoyo de los derechos del encausado y de los actos procesales en los que tiene el deber de asistirle.

También le informará de las obligaciones y cargas impuestas al encausado y de la obligación de velar por su cumplimiento. En caso de incumplimiento por parte de la persona designada de los deberes que le correspondan, podrán acordarse contra ella las medidas coactivas y las sanciones procesales que esta ley establece para los testigos.

2. Los actos para los que se haya fijado la asistencia serán practicados con la persona que integre la institución de apoyo y el propio encausado.

No obstante, cuando resulte imprescindible para suplir la falta de capacidad del encausado, podrá acordarse que tales actos se realicen únicamente con quien integre la institución de apoyo.

3. Se notificarán a la persona que integre la institución de apoyo las resoluciones que se dicten sobre las medidas cautelares y las demás que deban ser notificadas personalmente al encausado.

Justificación

Siguiendo el esquema de regulación que propone el Anteproyecto de LECr de 2020, para facilitar el acceso al procedimiento penal de los encausados con discapacidad en condiciones de igualdad, se proponen (a) en primer término medidas inmediatas a aplicar desde el primer contacto con la justicia penal del que presente discapacidad y, (b) seguidamente, una vez determinada la discapacidad, las medidas de apoyo a fijar y (c) el procedimiento para ello.

Las "medidas inmediatas" se aplican desde el primer contacto con la intervención penal, que habitualmente es la detención, aplicándose por ello también en el ámbito policial, antes de su puesta a disposición judicial.

En efecto, la regulación de las "medidas inmediatas" en el art. 3 trata de fomentar la atención de todos los intervinientes en las diligencias penales, comenzando incluso por la Policía Judicial, que a menudo representa el primer contacto para el investigado, sobre la posible existencia de algún déficit de capacidad. Una vez existe la sospecha, se prevén diligencias como la información de derechos de modo compresible (art. 8 de la Recomendación de la Comisión de 27 de noviembre de 2013 relativa a las garantías procesales para las personas vulnerables sospechosas o acusadas en procesos penales (2013/C 378/02)), la averiguación de si existe ya designada una institución de apoyo del mismo (lo que puede suceder si ha tenido contacto previo con la justicia) y, obviamente, su reconocimiento forense a los efectos de verificar si esas sospechas de discapacidad se confirman. Las previsiones relativas a la presencia de familiar o persona de su entorno ya en comisaría y a la grabación de los interrogatorios vienen exigidas por los arts. 8, 9 y 13 de la citada Recomendación de la Comisión de 27 de noviembre de 2013 relativa a las garantías procesales para las personas vulnerables sospechosas o acusadas en procesos penales (2013/C 378/02).

Una vez apreciada la discapacidad por el médico forense, si fuera preciso se regula en los preceptos siguientes el procedimiento de adopción de medidas de apoyo y complemento de su capacidad, mediante el nombramiento de un intermediario o persona de apoyo.

Se establece un procedimiento contradictorio, regulándose los trámites del incidente procesal destinado a la determinación de las medidas de apoyo necesarias, a la designación si procede de persona que integre la institución de apoyo, así como la fijación de las actuaciones procesales en las que en concreto sea necesario dicho apoyo. Se excluye la posibilidad de que dicha persona pueda serlo el Ministerio fiscal, al ser parte procesal, pero también que pueda serlo el Letrado defensor, pues su función en el procedimiento es diferente, además de no tener por qué gozar de la formación necesaria para el desempeño de tal función.

Capítulo 2.º MEDIDAS CAUTELARES EN CASOS DE DISCAPACIDAD

Justificación

Nuestra ley procesal presenta un déficit importante al no prever ninguna especialidad en cuanto a las medidas cautelares a aplicar en los casos de discapacidad. Particularmente cuando esta ya existía al tiempo del hecho, esto es, cuando se prevé que de continuar el procedimiento el resultado puede ser una sentencia absolutoria por causa de inimputabilidad del encausado con imposición de medidas de seguridad.

Algunas de las medidas cautelares penales habituales encuentran su correspondencia con medidas de seguridad legalmente previstas y por ello pueden ser aplicadas. Es el caso de las prohibiciones de acercamiento y comunicación o de uso de armas. Sin embargo, faltan medidas cautelares similares a las medidas de seguridad de obligación de seguimiento de tratamiento médico psiquiátrico o de deshabituación, o la custodia familiar o el internamiento psiquiátrico o en centro de deshabituación o educativo especial. En la propuesta que se efectúa se contemplan estas como medidas cautelares penales.

Artículo 6. Detención.

1. La detención de una persona con discapacidad solo estará justificada cuando no sea posible obtener su presencia por otros medios menos gravosos.

2. Si la detención resulta imprescindible, se adoptarán las medidas de adecuación que resulten precisas atendiendo a las circunstancias de la discapacidad y en su caso se permitirá que esté acompañada en la comisaría de policía y en el juzgado por persona de su confianza y se garantizará la continuidad del tratamiento que esté siguiendo.

Justificación

Además de prever medidas cautelares específicas para el que presente discapacidad, se contemplan previsiones que matizan la aplicación a inimputables de otras medidas cautelares. Así, con respecto a la detención, las adaptaciones que se realizan se inspiran en las recomendaciones que al respecto efectúa la Recomendación de la Comisión Europea de 27 de noviembre de 2013 relativa a las garantías procesales para las personas vulnerables sospechosas o acusadas en procesos penales (2013/C 378/02), conforme a la cual ha de recurrirse a ella como último recurso, realizarse en condiciones que se ajusten a sus necesidades, y se reconoce el derecho a estar acompañado de familiar o persona de su confianza (art. 10 de la Recomendación, en comisaría y en las vistas que se celebren en el juzgado). Recordemos que ya en precepto anterior (art.3.1.c de la Propuesta) y, siguiendo la misma Recomendación, se recoge la grabación audiovisual de los interrogatorios (art. 13 de la Recomendación).

Artículo 7. Libertad provisional. Seguimiento de tratamiento médico obligatorio. Custodia familiar.

1. Si se acuerda la libertad provisional del encausado con discapacidad, el contenido de las obligaciones y prohibiciones impuestas y su forma de ejecución deberán adecuarse al grado de discapacidad, tomando en consideración su repercusión en el tratamiento que pueda precisar.

2. En estos casos, podrá imponerse la obligación de sometimiento a tratamiento médico o de deshabituación ambulatorio cuando sea necesario para asegurar su disponibilidad en el proceso, para proteger los bienes jurídicos de la víctima o de terceros, o para evitar la continuidad delictiva.

3. Para lograr las finalidades anteriores, el juez podrá acordar que el encausado en libertad provisional quede al cuidado o vigilancia de una persona o institución, que se designará previa audiencia al interesado y el encausado, siempre que acepte hacerse cargo de la custodia.

Quien resulte encargado de la custodia:

a) Procurará que el encausado observe las obligaciones y prohibiciones que, en su caso, le hayan sido impuestas por la autoridad judicial.

b) Informará periódicamente al Juez o Tribunal sobre el grado de cumplimiento de las obligaciones y prohibiciones impuestas al encausado.

Justificación

Especialmente relevante es la obligación de seguimiento de tratamiento médico-psiquiátrico o de deshabituación ambulatorio, que puede evitar recurrir al internamiento psiquiátrico en muchos casos.

Es también útil porque, observando el grado de seguimiento del mismo como medida cautelar, el juzgador que se vea en la situación de tener que imponer en sentencia una medida de seguridad tendrá una información valiosa acerca de si puede imponer la medida de tratamiento, cuando el afectado ha demostrado previamente adherencia al mismo o si, por el contrario, ha de recurrir a la medida de internamiento (cumplidos los demás requisitos para su imposición) porque no ha mostrado durante el periodo de la medida cautelar voluntad de cumplimiento voluntario.

Existe ya una norma comunitaria que indirectamente se refiere a esta medida cautelar que actualmente no contempla nuestro ordenamiento, se trata de la Decisión Marco 2009/829/JAI del Consejo, de 23 de octubre de 2009 relativa a la aplicación, entre Estados miembros de la Unión Europea, del principio de reconocimiento mutuo a las resoluciones sobre medidas de vigilancia como sustitución de la prisión provisional (DOUE-L-2009-82136). Cuando relaciona en el artículo 8 los "Tipos de medidas de vigilancia", alternativos a la prisión provisional, contempla la "d) obligación de someterse a tratamientos terapéuticos o a tratamientos contra las adicciones".

La transposición de esta Decisión Marco se hizo mediante la Ley 23/2014 de reconocimiento mutuo de resoluciones penales en la Unión Europea, de 20 de noviembre (BOE 21.11.14), Tít. 5. Como nuestro ordenamiento no la contempla, no se recoge en el art. 110 de la citada Ley entre aquellas medidas de vigilancia alternativas a la prisión provisional que son susceptibles de transmisión y ejecución en otro Estado miembro de la Unión Europea o de recepción por las autoridades judiciales españolas competentes. Únicamente se menciona en la letra j) la "obligación de someterse a un tratamiento de desintoxicación o deshabituación de adicciones", porque podría tener una cierta correspondencia con la forma de prisión atenuada prevista en el art. 508 LECr.

Recordemos que el seguimiento obligatorio de tratamiento médico psiquiátrico ya se acuerda también en el ámbito civil, como alternativa al internamiento psiquiátrico involuntario. Y ello con base en una construcción jurisprudencial, avalada por múltiples pronunciamientos de Audiencias Provinciales, pese a la falta de previsión legal expresa. Pronunciamientos que se apoyan en la idea de que la previsión legal de la medida legal más gravosa de internamiento en el art. 763 LEC ampara una medida menos gravosa como es el tratamiento ambulatorio involuntario (conocido como "T.A.I.").

Fue previsto ya en proyectos de reforma como la Proposición de Ley de Modificación de la Ley de Enjuiciamiento Civil para regular los tratamientos no voluntarios de las personas con trastornos psíquicos, presentado por el Grupo Parlamentario de Convergencia i Unió en el año 2004 y en el Proyecto de Ley de Jurisdicción Voluntaria de 2006. Otros pronunciamientos que lo apoyan en el ámbito civil, indicando que el derecho de autonomía del paciente para rechazar un tratamiento tiene como límite los casos en que se presenta un trastorno mental grave y el tratamiento es necesario para evitar un peligro a la salud del mismo, son:

- El Convenio europeo (Convenio de Oviedo) para la protección de los derechos humanos y la dignidad del ser humano con respecto a las aplicaciones de la Biología y la Medicina, de 4 de abril de 1997, ratificado por España el 23 de julio de 1999 (BOE 20 de octubre de 1999)

- La Ley 41/2002, de 14 de noviembre, básica reguladora de la autonomía del paciente y de derechos y obligaciones en materia de información y documentación clínica, arts. 8 ss.

- La Recomendación 107/2005, de 11 de noviembre, del Defensor del Pueblo, sobre modificaciones legales en orden a reforzar y garantizar los derechos de las personas que padecen una enfermedad mental.

Finalmente, y siguiendo la línea del Anteproyecto de LECr de 2020, se prevé como medida cautelar la custodia familiar, que se corresponde con la medida de seguridad no privativa de libertad prevista en el art. 105.1.b) del CPe.

Artículo 8. Internamiento cautelar en establecimiento psiquiátrico, de deshabituación o educativo especial.

1. No cabrá acordar la prisión provisional cuando existan indicios racionales de que el encausado cometió el hecho concurriendo alguna de las eximentes previstas en los números 1º, 2º y 3º del artículo 20 del Código Penal, aun siendo previsible la imposición de una medida de seguridad privativa de libertad.

En tal caso, el juez podrá acordar la medida cautelar de internamiento en centro psiquiátrico, de deshabituación o educativo especial, siempre que concurran los requisitos y las finalidades contemplados para la prisión provisional y no exista otra medida menos gravosa para la persona afectada e igualmente útil para alcanzar los mismos fines.

2. Para acordar el internamiento cautelar, será preceptivo celebrar la comparecencia establecida en el artículo 505 de esta ley.

3. La comparecencia para resolver sobre la situación personal deberá celebrarse asimismo en los siguientes supuestos:

1º cuando, tras haberse acordado inicialmente una medida cautelar de prisión, sobrevengan motivos para entender que será de aplicación una eximente completa de los números 1º, 2º y 3º del artículo 20 del Código Penal, a fin para decidir si procede la puesta en libertad provisional, con o sin adopción de otras medidas cautelares, o la medida de internamiento cautelar.

2º cuando, estando el encausado en prisión provisional, la sentencia dictada en primera instancia aprecie una eximente completa de los números 1º, 2º y 3º del artículo 20 del Código Penal e imponga una medida de seguridad privativa de libertad. Si se acordara el internamiento cautelar, podrá prolongarse, como límite máximo, hasta la mitad de la duración de la medida privativa de libertad que haya sido impuesta en la sentencia.

4. De acordarse el internamiento, sus plazos, prórrogas y abono se ajustarán a lo previsto para la prisión provisional.

5. Se recabarán al menos trimestralmente informes médicos del encausado a fin de valorar la necesidad de mantener el internamiento.

6. El internamiento podrá ser sustituido por alguna de las fórmulas previstas para la prisión atenuada en el art. 508 de esta ley, si las circunstancias así lo requirieran.

Justificación

Asimismo, imprescindible era la previsión legal del internamiento cautelar en centro psiquiátrico, de deshabituación o educativo especial, cuestión sobre en la que en la actual LECr existe un vacío legal puesto de manifiesto por la doctrina y la jurisprudencia, también constitucional. No puede considerarse que la medida cautelar de prisión provisional tenga la misma naturaleza que la medida de seguridad de internamiento psiquiátrico o en centro de deshabituación o educativo especial. Es por ello por lo que el Tribunal Constitucional ha establecido la imposibilidad de recurrir a ella con respecto al inimputable, desde que se conozca tal situación y particularmente desde que se dicte sentencia absolutoria con imposición de medidas de seguridad que no es aún firme por estar pendiente de recurso. Así en sentencias del Tribunal Constitucional n.º 102/2004, de 2 de noviembre, 217/2015, de 22 de octubre y 84/2018, de 27 de noviembre.

Es posible que en los primeros momentos del proceso no encontremos aún indicación clara sobre si de llegarse al Juicio oral se apreciará en el investigado la condición o no de inimputable al tiempo del hecho, pero sí en todo caso la tendremos desde que se elabora informe forense al respecto, y por supuesto en el momento en que se presenta el Escrito de acusación por el Ministerio fiscal/ Acusación particular y se solicitan sólo medidas de seguridad. O, de no tener tal tenor los escritos de acusación, cuando se dicta sentencia absolutoria por inimputabilidad con imposición de medidas de seguridad. Actualmente, la solución no es otra que la puesta en libertad del investigado que estuviera en prisión provisional. Es por ello por lo que se regula como medida cautelar el internamiento en establecimiento psiquiátrico, educativo o en centro de deshabituación. Para su adopción se establecen criterios restrictivos similares a los relativos a la prisión provisional, así como también la celebración de una comparecencia y límites máximos de duración.

La previsión de esta medida cautelar, por otra parte, se encuentra ya en acuerdos previos del GEPC. En concreto en la propuesta "Una propuesta alternativa al sistema de penas y su ejecución, y a las medidas cautelares personales" (2004). En la Regla 6, que recoge el catálogo de medidas cautelares personales que pueden adoptarse durante la sustanciación del proceso penal, a continuación de la prisión prevé la "2. Custodia en establecimiento sociosanitario". Se define en la Regla 14: "La custodia en establecimiento sociosanitario significará el ingreso o permanencia, si ya estuviera acogido, del imputado en un establecimiento cerrado, para recibir tratamiento médico, psiquiátrico o de deshabituación a drogas de abuso o alcohol. El encartado no podrá salir de la institución sin previa autorización judicial, que siempre atenderá a las indicaciones terapéuticas". La "Justificación" de la propuesta era "Se trata de una prisión atenuada, homogénea a las medidas de seguridad materialmente equivalentes, que pretende no interrumpir procesos terapéuticos en los que pueda hallarse el imputado o acomodar su régimen de privación de libertad a su situación".

Artículo 9 Reglas de procedimiento.

Para la adopción de cualquiera de las medidas cautelares mencionadas en los artículos anteriores y en lo no previsto expresamente en ellos se tendrán en cuenta las previsiones siguientes:

a) Se recabará informe emitido por médico forense o especialista sobre la adecuación de las medidas a la situación concreta del afectado, evaluando especialmente la repercusión en su tratamiento.

b) Cuando su situación lo permita, el encausado será oído personalmente.

c) La persona que integre la institución de apoyo será asimismo oída y se procurará su presencia en las actuaciones que hayan de mantenerse personalmente con la persona afectada.

Justificación

El Capítulo termina con unas normas generales de procedimiento, siguiendo el esquema de las previstas en el Anteproyecto LECr 2020, que se añaden a las específicas ya vistas con respecto al internamiento cautelar. Cabe destacar la necesidad de emisión de informe por médico forense o especialista sobre la adecuación de las medidas a la situación concreta de la persona afectada a fin de evaluar su efecto en el tratamiento médico que pueda precisar.

Capítulo 3.º ESPECIALIDADES DEL PROCESO EN EL CASO DE FALTA ABSOLUTA DE CAPACIDAD PROCESAL

Artículo 10. Falta plena de capacidad procesal.

1. Si una discapacidad impide completamente que el encausado comprenda el significado y las consecuencias del proceso que se sigue en su contra, el juez o tribunal lo declarará así en la resolución que ponga término al incidente del art. 4 relativo a la adopción de medidas de apoyo.

En este supuesto, la persona que integre la institución de apoyo asumirá su asistencia integral.

2. Si el procedimiento se encuentra en la fase de investigación, continuará hasta su conclusión. En todo caso, el encausado será defendido por el abogado designado por quien integre la institución de apoyo y en su defecto por abogado del turno oficio.

3. Declarada la falta de capacidad procesal, y en su caso concluida la investigación, el juez o tribunal adoptará alguna de las resoluciones siguientes:

1.º Cuando, en atención a las circunstancias y características del hecho punible, entienda que la continuación del procedimiento solo puede tener por objeto la imposición de una pena, decretará el archivo de las actuaciones hasta que el investigado recobre la capacidad necesaria para ser sometido a juicio, con reserva de acciones civiles a los perjudicados.

Si con posterioridad el encausado recobrara la capacidad, se procederá a la reapertura del procedimiento. Si hubiera sido archivado al concluir la fase de investigación, se reaperturará en la fase intermedia, salvo que fuera necesaria la práctica de la primera comparecencia, en cuyo caso se realizará previamente dicho trámite. Asimismo, se dará oportunidad a la defensa del encausado de practicar las diligencias de investigación que no haya podido solicitar por razón de la falta de capacidad.

2.º Cuando en atención a las circunstancias y características del hecho punible, entienda que la continuación del procedimiento puede tener por objeto la imposición de una medida de seguridad, dictará Auto acordando la continuación del proceso a los solos efectos de que se adopte la medida de seguridad que resulte adecuada.

En este supuesto, la acción penal será ejercida exclusivamente por el Ministerio Fiscal. Si hubiera acusaciones particulares personadas, podrán continuar en el procedimiento sólo en calidad de actores civiles.

Excepcionalmente, podrá acordarse el archivo de las actuaciones si no fuera previsible la necesidad de imponer una medida de seguridad debido a la escasa gravedad del hecho o la inexistencia de riesgo de reiteración delictiva.

Artículo 11. Especialidades procesales del juicio oral para la imposición de la medida de seguridad.

Cuando, con arreglo a lo dispuesto en el artículo anterior, el procedimiento haya de continuar para determinar la procedencia de adoptar una medida de seguridad, se aplicarán las siguientes reglas:

1ª La presencia del acusado en el juicio oral podrá ser exceptuada en atención a su estado, pero la persona que integre la institución de apoyo será siempre citada y deberá comparecer.

Si la persona que integra la institución de apoyo dejase de comparecer injustificadamente al juicio oral, sin perjuicio de las responsabilidades en que hubiera podido incurrir, podrá ordenarse su detención.

2ª El acusado estará representado por el procurador y defendido por el abogado designados por la persona que integra la institución de apoyo y, en su defecto, por los designados por el turno de oficio.

3ª No se admitirá la conformidad. No obstante, cuando no exista controversia sobre la autoría del hecho punible y el juez o tribunal lo considere adecuado a la vista de las circunstancias, el juicio oral podrá celebrarse exclusivamente a los efectos de determinar, practicadas las pruebas pertinentes para ello, la peligrosidad del acusado y la medida de seguridad adecuada.

Justificación

Este capítulo aborda el tratamiento de los supuestos de incapacidad para ser enjuiciado en el ámbito penal. Esto es, cuando el encausado padece una discapacidad que le impide completamente comprender el significado y las consecuencias del proceso que se sigue en su contra. Hablamos de situaciones en las que ni siquiera con la asistencia y complemento de persona de apoyo es posible apreciar dicha capacidad.

La falta de capacidad procesal no debe confundirse con el concepto penal de inimputabilidad, relativo a la falta de capacidad de comprensión del hecho punible y/o de actuación conforme a esa comprensión, y se valora al tiempo de realización del hecho. La capacidad procesal se vincula en cambio al momento en que haya de realizarse alguna actuación procesal, como, por ejemplo, la toma de declaración al investigado, o la celebración del juicio oral. Y se identifica, en términos generales, con la capacidad de comprensión del proceso y de interactuar en el mismo.

Si la falta de capacidad es temporal, puede ser conjurada mediante una paralización temporal del procedimiento, sin perjuicio de practicar las diligencias que sean urgentes y no puedan demorarse sin pérdida de eficacia. Cuando la falta de capacidad se prolonga un tiempo importante (podemos pensar razonablemente en un período de 1 año), es preciso diseñar un tipo de respuesta adecuada a estas situaciones.

La propuesta que se efectúa tiene en cuenta dos situaciones diferentes, según que lo previsible de continuar el procedimiento sea sólo la imposición de una pena (el sujeto era imputable al tiempo del hecho) o una medida de seguridad (el sujeto ya era inimputable al tiempo del hecho, persistiendo dicha situación).

1. El primero de los supuestos, de falta de capacidad procesal sobrevenida al hecho punible, es el único que cuenta con regulación en la actual LECr, el art. 383. Este precepto dispone el archivo del procedimiento hasta que

el encausado recobre la salud, si bien en la práctica si la situación es irreversible lo será hasta la prescripción. El segundo inciso del precepto, al remitirse a "lo que el Código Penal prescribe para los que ejecutan el acto en estado de demencia", ha requerido de una interpretación jurisprudencial de su alcance para que sea compatible con principios fundamentales, muchos de rango constitucional, que rigen en Derecho penal, y que ha concluido con su inaplicabilidad.

Si se interpreta literalmente, supondría imponer medidas de seguridad sin juicio previo ni sentencia, lo que contradice lo previsto en el art. 3 CPe (no cabe ejecutar pena ni medida de seguridad que no se hallen impuestas en sentencia firme).

Si se interpreta en el sentido de que debe seguirse juicio, pero sólo para imponer no una pena, sino una medida de seguridad, quebrantaría el principio básico de que la imposición de medidas de seguridad sólo procede respecto del inimputable al tiempo del hecho y con base en una peligrosidad que se haya manifestado en el hecho cometido, cuando en este caso el sujeto era imputable al tiempo del hecho y la peligrosidad se ha manifestado con posterioridad.

La solución que se propone a estos supuestos es también la de archivo del procedimiento, hasta que el encausado recobre la salud y, si la situación es irreversible (pensemos en una demencia senil o Alzheimer sobrevenido, o una lesión cerebral debida a un posterior accidente), hasta la prescripción. Siempre con reserva de acciones civiles a los perjudicados. Como ya vimos, también es posible seguir un procedimiento de decomiso autónomo. Si estimase previsible la incapacitación y/o la necesidad de imponer medidas, como el internamiento psiquiátrico o el seguimiento de un tratamiento médico-psiquiátrico obligatorio, debería remitirse el caso a la jurisdicción civil, única que podría actuar al respecto.

Esta imposibilidad de continuación de un procedimiento penal para la imposición de penas se fundamenta en la estimación de que el enjuiciamiento sería contrario al derecho constitucional de defensa, art. 24 CE. Todo ello a partir del entendimiento de la doble dimensión que presenta este derecho constitucional: se integra no sólo por la defensa técnica, el derecho a ser defendido por un profesional, sino también por el derecho de defenderse personalmente, en el sentido de estar presente, comprender el proceso y poder participar activamente en mismo, como destacan numerosas resoluciones del Tribunal Europeo de Derechos Humanos, el Tribunal Constitucional, y el Tribunal Supremo (STEDH T. contra el Reino Unido, y V. contra el Reino Unido, ambas de 16 de diciembre de 1999; Asunto GÜVEÇ c. TURQUÍA, de 20 enero 2009; Stanford contra Reino Unido, de 23 de febrero de 1994).

2. Cuando lo procedente de llegarse al enjuiciamiento sea la imposición de una medida de seguridad por ser el sujeto ya inimputable al tiempo del hecho, se prevé sin embargo la continuación del procedimiento, si bien de un procedimiento penal especial para la imposición en su caso de medidas de seguridad.

El procedimiento para la imposición de medidas de seguridad tiene algunas especialidades, entre ellas la posibilidad de celebración en ausencia del acusado cuando su salud desaconseja su asistencia; o que se limite el ejercicio de la acción penal al Ministerio Fiscal, pudiendo el acusador particular continuar únicamente como actor civil.

Esta segunda situación es la que suscita más debate en la doctrina. La solución que se sigue es la dominante en Derecho comparado, en los países de nuestro entorno jurídico (Gran Bretaña, Alemania, Francia, Italia, Austria, Suiza, Estados Unidos), y es también la propuesta que se efectúa en la "Propuesta de Ley de Enjuiciamiento Criminal" de 2013 (art. 49 y 50) y en el "Anteproyecto de Ley de Enjuiciamiento Criminal" de 2020 (arts. 79 y 80), además de en un sector de la doctrina.

Otro sector de la doctrina, en cambio, considera que tampoco sería posible en estos casos el enjuiciamiento, con base en los mismos argumentos de vulneración del derecho de defensa, en su aspecto de defensa personal -porque la defensa técnica sí estaría garantizada-, que sostienen la imposibilidad de enjuiciamiento del incapaz procesal que era imputable al tiempo del hecho. Consideran que, al igual que en aquellos casos, debería cesar la intervención penal y remitir el caso a la jurisdicción civil, donde se valoraría la posibilidad de disponer un internamiento psiquiátrico o un tratamiento ambulatorio obligatorio.

Estimamos, sin embargo, que la solución propuesta es compatible con los principios constitucionales relativos al debido proceso en Derecho. Debemos huir de posiciones maximalistas, que eludan el debate sobre la posibilidad de restringir cualquier derecho fundamental. Pues todos los derechos pueden sufrir limitaciones si estas se estiman debidamente justificadas, de modo que el debate debe trasladarse a si existe dicha justificación racional y si es necesaria y proporcionada.

En efecto, el derecho de defensa no es un derecho absoluto, sino que no puede dejar de ponderarse con los intereses con los aquí que entra en conflicto, que no son otros que los que fundamentan todo el sistema de medidas de corrección seguridad, las necesidades de prevención especial: la necesidad de defensa de la sociedad frente al delincuente peligroso y las necesidades terapéuticas del mismo.

Ha de hacerse notar, además, que en este caso no se trata de limitaciones impuestas a quien pudiera ejercer el derecho sin ellas (a diferencia de otras limitaciones del derecho de defensa legalmente previstas o desarrolladas por la jurisprudencia), sino que preexisten en la realidad, debido a la condición física y/o mental del acusado, imposibilitado inevitablemente para ejercer el derecho en todos sus aspectos. En alguna ocasión en que ha debido pronunciarse sobre tales supuestos, no ha estimado el Tribunal Constitucional que se produzca una vulneración del derecho de defensa (STC n.º 91/ 2000). Recordemos, por otra parte, que también se prevé un procedimiento penal especial para la imposición de medidas de corrección y seguridad respecto de otro tipo de inimputables, los menores de edad, aunque continúen siéndolo al tiempo del Juicio oral. Y que en todo caso el derecho de defensa está limitado, pero no anulado, pues contará el encausado con una Defensa técnica.

Asimismo, en el Derecho comparado es común la previsión de un procedimiento penal especial para la imposición de medidas de seguridad, y que pueda seguirse también respecto de aquellos sin capacidad procesal. En unos casos, así se dice expresamente: Alemania, Gran Bretaña y Estados Unidos. En otros, se encuentra implícito al contemplarse que pueda seguirse el procedimiento especial para la imposición de medidas de seguridad en ausencia del acusado por motivos de salud: así en Italia, Francia, Suiza y Austria. Sin que se hayan planteado allí ni problemas de constitucionalidad con relación a la afectación del derecho de defensa ni de compatibilidad con la CEDH o la legislación comunitaria.

En todo caso, estimamos que la admisión en los sistemas constitucionales de la posibilidad de imponer consecuencias penales, las medidas de corrección y seguridad, frente al inimputable, debe tener su continuidad en la posibilidad de seguir un procedimiento penal para su imposición, incluso aunque la inimputabilidad persista al momento de dicho proceso. La diferencia entre las consecuencias jurídico-penales que cabe imponer en uno u otro procedimiento, y en particular la finalidad terapéutica que se persigue con las medidas, puede guardar relación con el nivel de las garantías exigibles en cada uno.

Por otra parte, no puede olvidarse que prescindir del procedimiento penal para para imposición de una medida de seguridad en favor del procedimiento civil previsto para la adopción de las medidas civiles que procedan, no supone una solución más garantista para el afectado, sino al contrario. El procedimiento civil se dirige a la imposición de medidas similares, como internamiento psiquiátrico o el seguimiento de tratamiento médico-psiquiátrico involuntario, pero que a diferencia de las penales no tienen una duración precisa, sino en principio ilimitada, sin perjuicio de su revisión en función de la evolución médica del afectado. Y en el procedimiento mismo de adopción tampoco puede estimarse que el derecho de defensa del mismo resulte mejor salvaguardado.

Por último, se introduce el principio de oportunidad en el art. 10.2. ult.prr. de la Propuesta, que permite decidir la no continuación del procedimiento penal para la imposición de medidas de seguridad en supuestos de escasa gravedad del hecho o en los que se aprecie claramente una falta de peligrosidad sobrevenida en algún momento del curso del procedimiento (p.ej. casos demencia avanzada que haya anulado la peligrosidad que pudo manifestarse en la comisión del hecho). De modo que, en algunos casos, se podrá finalmente evitar el enjuiciamiento, incluso siguiendo el procedimiento especial para la imposición de medidas de seguridad, de aquellos que presentan incapacidad procesal. Recordemos que este criterio de oportunidad ya está presente en el caso de otro procedimiento penal relativo a inimputables, como es el previsto en el Derecho penal de menores.

FIRMANTES

Abel Souto, Miguel.
Universidad de Santiago de Compostela.

Aguado López, Sara.
Universidad de Valencia.

Alonso Rimo, Alberto.
Universidad de Valencia.

Baucells Lladós, Joan.
Universidad Autónoma de Barcelona.

Benítez Jiménez, María José.
Universidad de Málaga.

Benito Sánchez, Demelsa.
Universidad de Deusto.

Borja Jiménez, Emiliano.
Universidad de Valencia.

Carbonell Mateu, Joan Carles.
Universidad de Valencia.

Cardenal Montraveta, Sergi.
Universidad de Barcelona.

Cerezo Domínguez, Anabel.
Universidad de Málaga.

Corcoy Bidasolo, Mirentxu.
Universidad de Barcelona.

Daunis Rodríguez, Alberto.
Universidad de Málaga.

De la Mata Barranco, Norberto.
Universidad del País Vasco.

De Vicente Martínez, Rosario.
Universidad de Castilla La Mancha.

Del Carpio Delgado, Juana.
Universidad Pablo de Olavide.

Díaz y García Conlledo, Miguel.
Universidad de León.

Díez Ripollés, José Luis.
Universidad de Málaga.

Doval Pais, Antonio.
Universidad de Alicante.

Etxebarria Zarrabeitia, Xabier.
Universidad Complutense de Madrid.

Fábrega Ruiz, Cristóbal.
Fiscalía de Jaén.

Faraldo Cabana, Patricia.
Universidad de A Coruña.

Fernández Bautista, Silvia.
Universidad de Barcelona.

Fernández Hernández, Antonio.
Universidad Jaume I.

Fuentes Osorio, Juan Luis.
Universidad de Jaén.

García Álvarez, Pastora.
Universidad Pablo de Olavide.

García Arán, Mercedes.
Universidad Autónoma de Barcelona.

García del Blanco, Victoria.
Universidad Rey Juan Carlos.

García Magna, Deborah.
Universidad de Málaga.

García Ruiz, Ascensión.
Universidad Complutense de Madrid.

Gil Nobajas, María Soledad.
Universidad de Deusto.

Giménez Ortiz de Zárate, Urko.
Magistrado Instrucción nº 7 Bilbao.

Gómez Martín, Víctor.
Universidad de Barcelona.

González Vega, Ignacio.
Audiencia Provincial de Madrid.

Iglesias Río, Miguel Ángel.
Universidad de Burgos.

Lamarca Pérez, Carmen.
Universidad Carlos III.

Martín Pallín, José Antonio.
Tribunal Supremo.

Martínez Garay, Lucía.
Universidad de Valencia.

Matallín Evangelio, Ángela.
Universidad de Valencia.

Miró Llinares, Fernando.
Universidad Miguel Hernández.

Montijano Serrano, Francisco.
Fiscalía de Málaga.

Navarro Blasco, Eduardo.
Audiencia Provincial de Barcelona.

Ortiz de Urbina Gimeno, Iñigo.
Universidad Complutense de Madrid.

Paredes Castañón, José Manuel.
Universidad de Oviedo.

Periago Morant, Juan José.
Universidad Jaume I.

Puente Aba, Luz María.
Universidad de A Coruña.

Ramon Ribas, Eduardo.
Universidad de Islas Baleares.

Ramos Vázquez, José Antonio.
Universidad de A Coruña.

Rebollo Vargas, Rafael.
Universidad Autónoma de Barcelona.

Revelles Carrasco, María.
Universidad de Cádiz.

Rodríguez Moro, Luis.
Universidad de Cádiz.

Ruiz Rodríguez, Luis Ramón.
Universidad de Cádiz.

Salinero Alonso, Carmen.
Universidad de Las Palmas.

Sánchez García de Paz, Isabel.
Juzgado de lo Penal Elche.

Sandoval Coronado, Juan Carlos.
Universidad de Alicante.

Souto García, Eva María.
Universidad de A Coruña.

Terradillos Basoco, Juan.
Universidad de Cádiz.

Viana Ballester, Clara.
Universidad de Valencia.

Villegas Fernández, Jesús Manuel.
Juzgado de violencia sobre la mujer nº 7 Madrid.

ANEXO I

PRECEPTOS DEL CÓDIGO PENAL AFECTADOS POR LA PROPUESTA

Artículo 60

1. Cuando, después de pronunciada sentencia firme, se aprecie en el penado una situación duradera de trastorno mental grave que le impida conocer el sentido de la pena, el Juez de Vigilancia Penitenciaria suspenderá la ejecución de la pena privativa de libertad que se le hubiera impuesto, garantizando que reciba la asistencia médica precisa, para lo cual podrá decretar la imposición de una medida de seguridad privativa de libertad de las previstas en este Código que no podrá ser, en ningún caso, más gravosa que la pena sustituida. Si se tratase de una pena de distinta naturaleza, el Juez de Vigilancia Penitenciaria apreciará si la situación del penado le permite conocer el sentido de la pena y, en su caso, suspenderá la ejecución imponiendo las medidas de seguridad que estime necesarias.

El Juez de Vigilancia comunicará al ministerio fiscal, con suficiente antelación, la próxima extinción de la pena o medida de seguridad impuesta, a efectos de lo previsto por la disposición adicional primera de este Código.

2.Restablecida la salud mental del penado, éste cumplirá la sentencia si la pena no hubiere prescrito, sin perjuicio de que el Juez o Tribunal, por razones de equidad, pueda dar por extinguida la condena o reducir su duración, en la medida en que el cumplimiento de la pena resulte innecesario o contraproducente.

Artículo 80

1. Los jueces o tribunales, mediante resolución motivada, podrán dejar en suspenso la ejecución de las penas privativas de libertad no superiores a dos años cuando sea razonable esperar que la ejecución de la pena no sea necesaria para evitar la comisión futura por el penado de nuevos delitos.

Para adoptar esta resolución el juez o tribunal valorará las circunstancias del delito cometido, las circunstancias personales del penado, sus antecedentes, su conducta posterior al hecho, en particular su esfuerzo para reparar el daño causado, sus circunstancias familiares y sociales, y los efectos que quepa esperar de la propia suspensión de la ejecución y del cumplimiento de las medidas que fueren impuestas.

2. Serán condiciones necesarias para dejar en suspenso la ejecución de la pena, las siguientes:

1.ª Que el condenado haya delinquido por primera vez. A tal efecto no se tendrán en cuenta las anteriores condenas por delitos imprudentes o por delitos leves, ni los antecedentes penales que hayan sido cancelados, o debieran serlo con arreglo a lo dispuesto en el artículo 136. Tampoco se tendrán en cuenta los antecedentes penales correspondientes a delitos que, por su naturaleza o circunstancias, carezcan de relevancia para valorar la probabilidad de comisión de delitos futuros.

2.ª Que la pena o la suma de las impuestas no sea superior a dos años, sin incluir en tal cómputo la derivada del impago de la multa.

3.ª Que se hayan satisfecho las responsabilidades civiles que se hubieren originado y se haya hecho efectivo el decomiso acordado en sentencia conforme al artículo 127.

Este requisito se entenderá cumplido cuando el penado asuma el compromiso de satisfacer las responsabilidades civiles de acuerdo a su capacidad económica y de facilitar el decomiso acordado, y sea razonable esperar que el mismo será cumplido en el plazo prudencial que el juez o tribunal determine. El juez o tribunal, en atención al alcance de la responsabilidad civil y al impacto social del delito, podrá solicitar las garantías que considere convenientes para asegurar su cumplimiento.

3. Excepcionalmente, aunque no concurran las condiciones 1.ª y 2.ª del apartado anterior, y siempre que no se trate de reos habituales, podrá acordarse la suspensión de las penas de prisión que individualmente no excedan de dos años cuando las circunstancias personales del reo, la naturaleza del hecho, su conducta y, en particular, el esfuerzo para reparar el daño causado, así lo aconsejen.

En estos casos, la suspensión se condicionará siempre a la reparación efectiva del daño o la indemnización del perjuicio causado conforme a sus posibilidades físicas y económicas, o al cumplimiento del acuerdo a que se refiere la medida 1.ª del artículo 84. Asimismo, se impondrá siempre una de las medidas a que se refieren los numerales 2.ª o 3.ª del mismo precepto, con una extensión que no podrá ser inferior a la que resulte de aplicar los criterios de conversión fijados en el mismo sobre un quinto de la pena impuesta.

4. Los jueces y tribunales podrán otorgar la suspensión de cualquier pena impuesta sin sujeción a requisito alguno en el caso de que el penado esté aquejado de una enfermedad muy grave con padecimientos incurables, salvo que en el momento de la comisión del delito tuviera ya otra pena suspendida por el mismo motivo.

5. Aun cuando no concurran las condiciones 1.ª y 2.ª previstas en el apartado 2 de este artículo, el juez o tribunal podrá acordar la suspensión de la ejecución de las penas privativas de libertad no superiores a cinco años de los penados que hubiesen cometido el hecho delictivo a causa de su dependencia de las sustancias señaladas en el numeral 2.º del artículo 20, siempre que se certifique suficientemente, por centro o servicio público o privado debidamente acreditado u homologado, que el condenado se encuentra deshabituado o sometido a tratamiento para tal fin en el momento de decidir sobre la suspensión.

El juez o tribunal podrá ordenar la realización de las comprobaciones necesarias para verificar el cumplimiento de los anteriores requisitos.

En el caso de que el condenado se halle sometido a tratamiento de deshabituación, también se condicionará la suspensión de la ejecución de la pena a que no abandone el tratamiento hasta su finalización. No se entenderán abandono las recaídas en el tratamiento si estas no evidencian un abandono definitivo del tratamiento de deshabituación.

6.En los delitos que sólo pueden ser perseguidos previa denuncia o querella del ofendido, los jueces y tribunales oirán a éste y, en su caso, a quien le represente, antes de conceder los beneficios de la suspensión de la ejecución de la pena.

Artículo 81

El plazo de suspensión será de dos a cinco años para las penas privativas de libertad no superiores a dos años, y de tres meses a un año para las penas leves, y se fijará por el juez o tribunal, atendidos los criterios expresados en el párrafo segundo del apartado 1 del artículo 80.

En el caso de que la suspensión hubiera sido acordada de conformidad con lo dispuesto en el apartado 5 del artículo anterior, el plazo de suspensión será de tres a cinco años.

Artículo 91

1. No obstante lo dispuesto en el artículo anterior, los penados que hubieran cumplido la edad de setenta años, o la cumplan durante la extinción de la condena, y reúnan los requisitos exigidos en el artículo anterior, excepto el de haber extinguido las tres cuartas partes de aquélla, las dos terceras partes o, en su caso, la mitad de la condena, podrán obtener la suspensión de la ejecución del resto de la pena y la concesión de la libertad condicional.

El mismo criterio se aplicará cuando se trate de enfermos muy graves con padecimientos incurables, y así quede acreditado tras la práctica de los informes médicos que, a criterio del juez de vigilancia penitenciaria, se estimen necesarios.

2. Constando a la Administración penitenciaria que el interno se halla en cualquiera de los casos previstos en los párrafos anteriores, elevará el expediente de libertad condicional, con la urgencia que el caso requiera, al juez de vigilancia penitenciaria, quien, a la hora de resolverlo, valorará junto a las circunstancias personales la dificultad para delinquir y la escasa peligrosidad del sujeto.

3. Si el peligro para la vida del interno, a causa de su enfermedad o de su avanzada edad, fuera patente, por estar así acreditado por el dictamen del médico forense y de los servicios médicos del establecimiento penitenciario, el juez o tribunal podrá, sin necesidad de que se acredite el cumplimiento de ningún otro requisito y valorada la falta de peligrosidad relevante del penado, acordar la suspensión de la ejecución del resto de la pena y concederle la libertad condicional sin más trámite que requerir al centro penitenciario el informe de pronóstico final al objeto de poder hacer la valoración a que se refiere el apartado anterior.

En este caso, el penado estará obligado a facilitar al servicio médico penitenciario, al médico forense, o a aquel otro que se determine por el juez o tribunal, la información necesaria para poder valorar sobre la evolución de su enfermedad.

El incumplimiento de esta obligación podrá dar lugar a la revocación de la suspensión de la ejecución y de la libertad condicional.

4. Son aplicables al supuesto regulado en este artículo las disposiciones contenidas en los apartados 4, 5 y 6 del artículo anterior.

Artículo 95

1. Las medidas de seguridad se aplicarán por el Juez o Tribunal, previos los informes que estime convenientes, a las personas que se encuentren en los supuestos previstos en el capítulo siguiente de este Código, siempre que concurran estas circunstancias:

1.ª Que el sujeto haya cometido un hecho previsto como delito.

2.ª Que del hecho y de las circunstancias personales del sujeto pueda deducirse un pronóstico de comportamiento futuro que revele la probabilidad de comisión de nuevos delitos.

2. Cuando la pena que hubiere podido imponerse por el delito cometido no fuere privativa de libertad, el juez o tribunal sentenciador sólo podrá acordar alguna o algunas de las medidas previstas en el artículo 96.3.

Artículo 96.3.4ª

La custodia familiar. El sometido a esta medida quedará sujeto al cuidado y vigilancia del familiar que se designe y que acepte la custodia, quien la ejercerá en relación con el Juez de Vigilancia Penitenciaria y sin menoscabo de las actividades escolares o laborales del custodiado.

Artículo 97

Durante la ejecución de la sentencia, el Juez o Tribunal sentenciador adoptará, por el procedimiento establecido en el artículo siguiente, alguna de las siguientes decisiones:

a) Mantener la ejecución de la medida de seguridad impuesta.

b) Decretar el cese de cualquier medida de seguridad impuesta en cuanto desaparezca la peligrosidad criminal del sujeto.

c) Sustituir una medida de seguridad por otra que estime más adecuada, entre las previstas para el supuesto de que se trate. En el caso de que fuera acordada la sustitución y el sujeto evolucionara desfavorablemente, se dejará sin efecto la sustitución, volviéndose a aplicar la medida sustituida.

d) Dejar en suspenso la ejecución de la medida en atención al resultado ya obtenido con su aplicación, por un plazo no superior al que reste hasta el máximo señalado en la sentencia que la impuso. La suspensión quedará condicionada a que el sujeto no delinca durante el plazo fijado, y podrá dejarse sin efecto si nuevamente resultara acreditada cualquiera de las circunstancias previstas en el artículo 95 de este Código.

Artículo 98

1. A los efectos del artículo anterior, cuando se trate de una medida de seguridad privativa de libertad o de una medida de libertad vigilada que deba ejecutarse después del cumplimiento de una pena privativa de libertad, el Juez de Vigilancia Penitenciaria estará obligado a elevar al menos anualmente, una propuesta de mantenimiento, cese, sustitución o suspensión de la misma. Para formular dicha propuesta el Juez de Vigilancia Penitenciaria deberá valorar los informes emitidos por los facultativos y profesionales que asistan al sometido a medida de seguridad o por las Administraciones Públicas competentes y, en su caso, el resultado de las demás actuaciones que a este fin ordene.

2. Cuando se trate de cualquier otra medida no privativa de libertad, el Juez o Tribunal sentenciador recabará directamente de las Administraciones, facultativos y profesionales a que se refiere el apartado anterior, los oportunos informes acerca de la situación y la evolución del condenado, su grado de rehabilitación y el pronóstico de reincidencia o reiteración delictiva.

3. En todo caso, el Juez o Tribunal sentenciador resolverá motivadamente a la vista de la propuesta o los informes a los que respectivamente se refieren los dos apartados anteriores, oída la propia persona sometida a la medida, así como el Ministerio Fiscal y las demás partes. Se oirá asimismo a las víctimas del delito que no estuvieren personadas cuando así lo hubieran solicitado al inicio o en cualquier momento de la ejecución de la sentencia y permanezcan localizables a tal efecto.

Artículo 99

En el caso de concurrencia de penas y medidas de seguridad privativas de libertad, el Juez o Tribunal ordenará el cumplimiento de la medida, que se abonará para el de la pena. Una vez alzada la medida de seguridad, el Juez o Tribunal podrá, si con la ejecución de la pena se pusieran en peligro los efectos conseguidos a través de aquélla, suspender el cumplimiento del resto de la pena por un plazo no superior a la duración de la misma, o aplicar alguna de las medidas previstas en el artículo 96.3.

Artículo 100

1. El quebrantamiento de una medida de seguridad de internamiento dará lugar a que el juez o tribunal ordene el reingreso del sujeto en el mismo centro del que se hubiese evadido o en otro que corresponda a su estado.

2. Si se tratare de otras medidas, el juez o tribunal podrá acordar la sustitución de la quebrantada por la de internamiento si ésta estuviese prevista para el supuesto de que se trate y si el quebrantamiento demostrase su necesidad.

3. En ambos casos el Juez o Tribunal deducirá testimonio por el quebrantamiento. A estos efectos, no se considerará quebrantamiento de la medida la negativa del sujeto a someterse a tratamiento médico o a continuar un tratamiento médico inicialmente consentido. No obstante, el Juez o Tribunal podrá acordar la sustitución del tratamiento inicial o posteriormente.

Artículo 101

1. Al sujeto que sea declarado exento de responsabilidad criminal conforme al número 1.º del artículo 20, se le podrá aplicar, si fuere necesaria, la medida de internamiento para tratamiento médico o educación especial en un establecimiento adecuado al tipo de anomalía o alteración psíquica que se aprecie, o cualquier otra de las medidas previstas en el apartado 3 del artículo 96. El internamiento no podrá exceder del tiempo que habría durado la pena privativa de libertad, si hubiera sido declarado responsable el sujeto, y a tal efecto el Juez o Tribunal fijará en la sentencia ese límite máximo.

2. El sometido a esta medida no podrá abandonar el establecimiento sin autorización del Juez o Tribunal sentenciador, de conformidad con lo previsto en el artículo 97 de este Código.

Artículo 104

1. En los supuestos de eximente incompleta en relación con los números 1.º, 2.º y 3.º del artículo 20, el Juez o Tribunal podrá imponer, además de la pena correspondiente, las medidas previstas en los artículos 101, 102 y 103. No obstante, la medida de internamiento sólo será aplicable cuando la pena impuesta sea privativa de libertad y su duración no podrá exceder de la de la pena prevista por el Código para el delito. Para su aplicación se observará lo dispuesto en el artículo 99.

2. Cuando se aplique una medida de internamiento de las previstas en el apartado anterior o en los artículos 101, 102 y 103, el juez o tribunal sentenciador comunicará al ministerio fiscal, con suficiente antelación, la proximidad de su vencimiento, a efectos de lo previsto por la disposición adicional primera de este Código.

Artículo 105

En los casos previstos en los artículos 101 a 104, cuando imponga la medida privativa de libertad o durante la ejecución de la misma, el Juez o Tribunal podrá imponer razonadamente una o varias medidas que se enumeran a continuación. Deberá asimismo imponer alguna o algunas de dichas medidas en los demás casos expresamente previstos en este Código.

1. Por un tiempo no superior a cinco años:

a) Libertad vigilada.

b) Custodia familiar. El sometido a esta medida quedará sujeto al cuidado y vigilancia del familiar que se designe y que acepte la custodia, quien la ejercerá en relación con el Juez de Vigilancia y sin menoscabo de las actividades escolares o laborales del custodiado.

2. Por un tiempo de hasta diez años:

a) Libertad vigilada, cuando expresamente lo disponga este Código.

b) La privación del derecho a la tenencia y porte de armas.

c) La privación del derecho a conducir vehículos a motor y ciclomotores.

Para decretar la obligación de observar alguna o algunas de las medidas previstas en este artículo, así como para concretar dicha obligación cuando por ley viene obligado a imponerlas, el Juez o Tribunal sentenciador deberá valorar los informes emitidos por los facultativos y profesionales encargados de asistir al sometido a la medida de seguridad.

El Juez de Vigilancia Penitenciaria o los servicios de la Administración correspondiente informarán al Juez o Tribunal sentenciador.

En los casos previstos en este artículo, el Juez o Tribunal sentenciador dispondrá que los servicios de asistencia social competentes presten la ayuda o atención que precise y legalmente le corresponda al sometido a medidas de seguridad no privativas de libertad.

Artículo 108

1. Si el sujeto fuera extranjero no residente legalmente en España, el juez o tribunal acordará en la sentencia, previa audiencia de aquél, la expulsión del territorio nacional como sustitutiva de las medidas de seguridad que le sean aplicables, salvo que el juez o tribunal, previa audiencia del Ministerio Fiscal, excepcionalmente y de forma motivada, aprecie que la naturaleza del delito justifica el cumplimiento en España.

La expulsión así acordada llevará consigo el archivo de cualquier procedimiento administrativo que tuviera por objeto la autorización para residir o trabajar en España.

En el supuesto de que, acordada la sustitución de la medida de seguridad por la expulsión, ésta no pudiera llevarse a efecto, se procederá al cumplimiento de la medida de seguridad originariamente impuesta.

2. El extranjero no podrá regresar a España en un plazo de 10 años, contados desde la fecha de su expulsión.

3. El extranjero que intentara quebrantar una decisión judicial de expulsión y prohibición de entrada a la que se refieren los apartados anteriores será devuelto por la autoridad gubernativa, empezando a computarse de nuevo el plazo de prohibición de entrada en su integridad.

ANEXO II

PRECEPTO DE LA LEY ORGÁNICA GENERAL PENITENCIARIA AFECTADO POR LA PROPUESTA

Art. 8.1

Los establecimientos de preventivos son centros destinados a la retención y custodia de detenidos y presos. También podrán cumplirse penas y medidas penales privativas de libertad cuando el internamiento efectivo pendiente no exceda de seis meses.

Preceptos del Reglamento penitenciario afectados por la propuesta

Artículo 183. Objeto.

Los Establecimientos o Unidades Psiquiátricas penitenciarias son aquellos centros especiales destinados al cumplimiento de las medidas de seguridad privativas de libertad aplicadas por los Tribunales correspondientes.

Art. 184. Ingreso.

El ingreso en estos Establecimientos o Unidades Psiquiátricas penitenciarias se llevará a cabo en los siguientes casos:

a) Los detenidos o presos con patología psiquiátrica, cuando la autoridad judicial decida su ingreso para observación, de acuerdo con lo establecido en la Ley de Enjuiciamiento Criminal, durante el tiempo que requiera la misma y la emisión del oportuno informe.

Una vez emitido el informe, si la autoridad judicial no decidiese la libertad del interno, el Centro Directivo podrá decidir su traslado al Centro que le corresponda.

b) Personas a las que por aplicación de las circunstancias eximentes establecidas en el Código Penal les haya sido aplicada una medida de seguridad de internamiento en centro psiquiátrico penitenciario.

c) Penados a los que, por enfermedad mental sobrevenida, se les haya impuesto una medida de seguridad por el Tribunal sentenciador en aplicación de lo dispuesto en el Código Penal y en la Ley de Enjuiciamiento Criminal que deba ser cumplida en un Establecimiento o Unidad psiquiátrica penitenciaria.

Artículo 185.1. Equipo multidisciplinar.

Para garantizar un adecuado nivel de asistencia, los establecimientos o unidades psiquiátricas penitenciarias dispondrán, al menos, de un Equipo multidisciplinar, integrado por los psiquiatras, psicólogos, médicos generales, enfermeros y trabajadores sociales que sean necesarios para prestar la asistencia especializada que precisen los pacientes internados en aquéllos. También contarán con los profesionales y el personal auxiliar necesario para la ejecución de los programas de rehabilitación.

Artículo 186. Atención, destino e informe a la autoridad judicial en el momento del ingreso.

1. En el momento de ingresar, el paciente será atendido por el facultativo de guardia, quien, a la vista de los informes del Centro de procedencia y del resultado de su reconocimiento, dispondrá lo conveniente respecto al destino de aquél a la dependencia más adecuada y al tratamiento a seguir hasta que sea reconocido por el psiquiatra.

2. El equipo que atienda al paciente deberá presentar un informe a la autoridad judicial correspondiente, en el que se haga constar la propuesta que se formula sobre cuestiones como el diagnóstico y la evolución observada con el tratamiento, el juicio pronóstico que se formula, la necesidad del mantenimiento, cese o sustitución del internamiento, la separación, el traslado a otro Establecimiento o Unidad Psiquiátrica, el programa de rehabilitación, la aplicación de medidas especiales de ayuda o tratamiento, así como las que hubieran de tenerse en cuenta para el momento de la salida de aquél del Centro.

Artículo 187. Revisión.

1. La peculiaridad del internamiento de los enajenados reclama una información periódica para el debido control judicial, a cuyo efecto la situación personal del paciente será revisada, al menos, cada seis meses por el Equipo multidisciplinar, emitiendo un informe sobre su estado y evolución.

2. El informe a que se hace referencia en el apartado anterior, así como el previsto en el artículo 186 serán remitidos al Ministerio Fiscal a los efectos procedentes.

Artículo 188. Régimen de los Establecimientos o Unidades Psiquiátricas.

1. La separación en los distintos departamentos de que consten los Establecimientos o Unidades se hará en atención a las necesidades asistenciales de cada paciente.

2. Las restricciones a la libertad personal del paciente deben limitarse a las que sean necesarias en función del estado de salud de aquél o del éxito del tratamiento.

3. El empleo de medios coercitivos es una medida excepcional, que sólo podrá ser admitida por indicación del facultativo y durante el tiempo mínimo imprescindible previo al efecto del tratamiento farmacológico que esté indicado, debiéndose respetar, en todo momento, la dignidad de la persona. Incluso en los supuestos de que médicamente se considere que no hay alternativa alguna a la aplicación de los medios expresados, la medida debe ser puntualmente puesta en conocimiento de la Autoridad judicial de la que dependa el paciente, dándose traslado documental de su prescripción médica.

4. Las disposiciones de régimen disciplinario contenidas en este reglamento no serán de aplicación a los pacientes internados en estas instituciones.

Artículo 189. Actividades rehabilitadoras.

Con el fin de incrementar las posibilidades de desinstitucionalización de la población internada y facilitar su vuelta al medio social y familiar, así como su integración en los recursos sanitarios externos, en los Establecimientos o Unidades se establecerá, con soporte escrito, una programación general de actividades rehabilitadoras, así como programas individuales de rehabilitación para cada paciente, no debiendo limitarse la aplicación de estas medidas a quienes presenten mayores posibilidades de reinserción laboral o social, sino abarcando también a aquellos que, aun teniendo más dificultades para su reinserción, puedan, no obstante, mejorar, mediante la aplicación de los correspondientes tratamientos, aspectos tales como la autonomía personal y la integración social.

Artículo 190. Relaciones con el exterior.

Las comunicaciones con el exterior de los pacientes se fijarán en el marco del programa individual de rehabilitación de cada uno de aquéllos, indicando el número de comunicaciones y salidas, la duración de las mismas, las personas con quienes los pacientes puedan comunicar y las condiciones en que se celebren las mencionadas comunicaciones.

Artículo 191. Criterios de localización y diseño.

1. Para fijar la ubicación y el diseño de las instalaciones psiquiátricas, deberán tenerse en cuenta, como elementos determinantes, factores tales como los criterios terapéuticos, la necesidad de favorecer el esparcimiento y la utilización del ocio por parte de

los pacientes internados, así como la disposición de espacio suficiente para el adecuado desarrollo de las actividades terapéuticas y rehabilitadoras.

2. La Administración Penitenciaria procurará que la distribución territorial de las instalaciones psiquiátricas penitenciarias favorezca la rehabilitación de los enfermos a través del arraigo en su entorno familiar, mediante los correspondientes acuerdos y convenios con las Administraciones sanitarias competentes.

Artículo 185.2. Asistencia social postpenitenciaria

La Administración Penitenciaria solicitará la colaboración necesaria de otras Administraciones Públicas con competencia en la materia para que el tratamiento psiquiátrico de los internos continúe, si es necesario, después de su puesta en libertad y para que se garantice una asistencia social postpenitenciaria de carácter psiquiátrico, así como para que los enfermos cuya situación personal y procesal lo permita puedan ser integrados en los programas de rehabilitación y en las estructuras intermedias existentes en el modelo comunitario de atención a la salud mental.

Artículo 265.4

En los Hospitales psiquiátricos penitenciarios sólo existirán el Consejo de Dirección, cuya composición se determinará por las normas de desarrollo de este Reglamento, la Junta Económico-Administrativa y los Equipos multidisciplinares necesarios.

ANEXO III

PRECEPTOS DEL REAL DECRETO 840/2011, DE 17 DE JUNIO POR EL QUE SE ESTABLECEN LAS CIRCUNSTANCIAS DE EJECUCIÓN DE LAS PENAS DE TRABAJO EN BENEFICIO DE LA COMUNIDAD Y DE LOCALIZACIÓN PERMANENTE EN CENTRO PENITENCIARIO, DE DETERMINADAS MEDIDAS DE SEGURIDAD, ASÍ COMO DE LA SUSPENSIÓN DE LA EJECUCIÓN DE LA(S) PENAS PRIVATIVAS DE LIBERTAD Y SUSTITUCIÓN DE PENAS, AFECTADOS POR LA PROPUESTA

Artículo 2.4. Definiciones.

Servicios de gestión de penas y medidas alternativas: unidades administrativas multidisciplinares dependientes de la Administración penitenciaria que tienen encomendado la tarea de ejecución de las medidas y penas alternativas a la privación de libertad.

Artículo 20. Medidas de seguridad.

Las medidas de seguridad se cumplirán en los centros adecuados, públicos o concertados de las Administraciones públicas competentes por razón de la materia y del territorio.

Artículo 21. Competencia de la Administración Penitenciaria.

La Administración penitenciaria será competente para la ejecución de las medidas privativas de libertad de internamiento en establecimiento o unidad psiquiátrica penitenciaria.

Art. 22. Cumplimiento en establecimiento o unidad psiquiátrica

1. Cuando la autoridad judicial acuerde la imposición de una medida de seguridad de internamiento en un establecimiento o unidad psiquiátrica penitenciaria, se estará a lo dispuesto en los artículos 183 a 191 del Reglamento Penitenciario vigente.

2. Lo dispuesto en el apartado anterior es también aplicable a los casos en los que el Juez de Vigilancia Penitenciaria imponga una medida de seguridad de internamiento al amparo de lo previsto en el artículo 60 del Código Penal.

Art. 24. Órganos penitenciarios competentes.

1. La Administración penitenciaria, a través de los servicios de gestión de penas y medidas alternativas del lugar donde el penado tenga fijada su residencia, recibirá las resoluciones judiciales, así como los particulares necesarios, dentro de su ámbito competencial.

2. No obstante, en el caso de la pena de localización permanente en establecimiento penitenciario, libertad vigilada postpenitenciaria y medidas de seguridad privativas de libertad, en su caso, dicha comunicación se efectuará al establecimiento penitenciario en el que se encuentre ingresado.

ANEXO IV

PRECEPTOS DE LA LEY DE ENJUICIAMIENTO CRIMINAL AFECTADOS POR ESTA PROPUESTA

Artículo 118

Toda persona a quien se atribuya un hecho punible podrá ejercitar el derecho de defensa, interviniendo en las actuaciones, desde que se le comunique su existencia, haya sido objeto de detención o de cualquier otra medida cautelar o se haya acordado su procesamiento, a cuyo efecto se le instruirá, sin demora injustificada, de los siguientes derechos:

a) Derecho a ser informado de los hechos que se le atribuyan, así como de cualquier cambio relevante en el objeto de la investigación y de los hechos imputados. Esta información será facilitada con el grado de detalle suficiente para permitir el ejercicio efectivo del derecho de defensa.

b) Derecho a examinar las actuaciones con la debida antelación para salvaguardar el derecho de defensa y en todo caso, con anterioridad a que se le tome declaración.

c) Derecho a actuar en el proceso penal para ejercer su derecho de defensa de acuerdo con lo dispuesto en la ley.

d) Derecho a designar libremente abogado, sin perjuicio de lo dispuesto en el apartado 1 a) del artículo 527.

e) Derecho a solicitar asistencia jurídica gratuita, procedimiento para hacerlo y condiciones para obtenerla.

f) Derecho a la traducción e interpretación gratuitas de conformidad con lo dispuesto en los artículos 123 y 127.

g) Derecho a guardar silencio y a no prestar declaración si no desea hacerlo, y a no contestar a alguna o algunas de las preguntas que se le formulen.

h) Derecho a no declarar contra sí mismo y a no confesarse culpable.

La información a que se refiere este apartado se facilitará en un lenguaje comprensible y que resulte accesible. A estos efectos se adaptará la información a la edad del destinatario, su grado de madurez, discapacidad y cualquier otra circunstancia personal de la que pueda derivar una modificación de la capacidad para entender el alcance de la información que se le facilita.

2. El derecho de defensa se ejercerá sin más limitaciones que las expresamente previstas en la ley desde la atribución del hecho punible investigado hasta la extinción de la pena.

El derecho de defensa comprende la asistencia letrada de un abogado de libre designación o, en su defecto, de un abogado de oficio, con el que podrá comunicarse y entrevistarse reservadamente, incluso antes de que se le reciba declaración por la policía, el fiscal o la autoridad judicial, sin perjuicio de lo dispuesto en el artículo 527 y que estará presente en todas sus declaraciones, así como en las diligencias de reconocimiento, careos y reconstrucción de hechos.

3. Para actuar en el proceso, las personas investigadas deberán ser representadas por procurador y defendidas por abogado, designándoseles de oficio cuando no los hubiesen nombrado por sí mismos y lo solicitaren, y en todo caso, cuando no tuvieran aptitud legal para hacerlo.

Si no hubiesen designado procurador o abogado, se les requerirá para que lo hagan o se les nombrará de oficio si, requeridos, no los nombrasen, cuando la causa llegue a estado en que se necesite el consejo de aquéllos o haya de intentar algún recurso que hiciese indispensable su actuación.

4. Todas las comunicaciones entre el investigado o encausado y su abogado tendrán carácter confidencial.

Si estas conversaciones o comunicaciones hubieran sido captadas o intervenidas durante la ejecución de alguna de las diligencias reguladas en esta ley, el juez ordenará la eliminación de la grabación o la entrega al destinatario de la correspondencia detenida, dejando constancia de estas circunstancias en las actuaciones.

Lo dispuesto en el párrafo primero no será de aplicación cuando se constate la existencia de indicios objetivos de la participación del abogado en el hecho delictivo investigado o de su implicación junto con el investigado o encausado en la comisión de otra infracción penal, sin perjuicio de lo dispuesto en la Ley General Penitenciaria.

5. La admisión de denuncia o querella, y cualquier actuación procesal de la que resulte la imputación de un delito contra persona o personas determinadas, serán puestas inmediatamente en conocimiento de los presuntamente responsables.

Artículo 124

1. El traductor o intérprete judicial será designado de entre aquellos que se hallen incluidos en los listados elaborados por la Administración competente. Excepcionalmente, en aquellos supuestos que requieran la

presencia urgente de un traductor o de un intérprete, y no sea posible la intervención de un traductor o intérprete judicial inscrito en las listas elaboradas por la Administración, en su caso, conforme a lo dispuesto en el apartado 5 del artículo anterior, se podrá habilitar como intérprete o traductor judicial eventual a otra persona conocedora del idioma empleado que se estime capacitado para el desempeño de dicha tarea.

2. El intérprete o traductor designado deberá respetar el carácter confidencial del servicio prestado.

3. Cuando el Tribunal, el Juez o el Ministerio Fiscal, de oficio o a instancia de parte, aprecie que la traducción o interpretación no ofrecen garantías suficientes de exactitud, podrá ordenar la realización de las comprobaciones necesarias y, en su caso, ordenar la designación de un nuevo traductor o intérprete. En este sentido, las personas sordas o con discapacidad auditiva que aprecien que la interpretación no ofrece garantías suficientes de exactitud, podrán solicitar la designación de un nuevo intérprete.

Artículo 125

1. Cuando se pongan de manifiesto circunstancias de las que pueda derivarse la necesidad de la asistencia de un intérprete o traductor, el Presidente del Tribunal o el Juez, de oficio o a instancia del Abogado del imputado o acusado, comprobará si éste conoce y comprende suficientemente la lengua oficial en la que se desarrolle la actuación y, en su caso, ordenará que se nombre un intérprete o un traductor conforme a lo dispuesto en el artículo anterior y determinará qué documentos deben ser traducidos.

2. La decisión del Juez o Tribunal por la que se deniegue el derecho a la interpretación o a la traducción de algún documento o pasaje del mismo que la defensa considere esencial, o por la que se rechacen las quejas de la defensa con relación a la falta de calidad de la interpretación o de la traducción, será documentada por escrito.

Si la decisión hubiera sido adoptada durante el juicio oral, la defensa del imputado o acusado podrá hacer constar en el acta su protesta.

Contra estas decisiones judiciales podrá interponerse recurso de conformidad con lo dispuesto en esta Ley.

Artículo 127

Las disposiciones contenidas en los artículos precedentes son igualmente aplicables a las personas con discapacidad sensorial, que podrán contar con medios de apoyo a la comunicación oral.

Artículo 381

Si el Juez advirtiese en el procesado indicios de enajenación mental, le someterá inmediatamente a la observación de los Médicos forenses en el establecimiento en que estuviese preso, o en otro público si fuere más a propósito o estuviese en libertad.

Los Médicos darán en tal caso su informe del modo expresado en el capítulo VII de este título.

Artículo 382

Sin perjuicio de lo dispuesto en el artículo anterior, el Juez recibirá información acerca de la enajenación mental del procesado, en la forma prevenida en el artículo 380.

Artículo 383

Si la demencia sobreviniera después de cometido el delito, concluso que sea el sumario se mandará archivar la causa por el Tribunal competente hasta que el procesado recobre la salud, disponiéndose además respecto de éste lo que el Código Penal prescribe para los que ejecutan el hecho en estado de demencia.

Si hubiese algún otro procesado por razón del mismo delito que no se encontrase en el caso del anterior, continuará la causa solamente en cuanto al mismo.

Artículo 508

1. El juez o tribunal podrá acordar que la medida de prisión provisional del investigado o encausado se verifique en su domicilio, con las medidas de vigilancia que resulten necesarias, cuando por razón de enfermedad el internamiento entrañe grave peligro para su salud. El juez o tribunal podrá autorizar que el investigado o encausado salga de su domicilio durante las horas necesarias para el tratamiento de su enfermedad, siempre con la vigilancia precisa.

2. En los casos en los que el investigado o encausado se hallara sometido a tratamiento de desintoxicación o deshabituación a sustancias estupefacientes y el ingreso en prisión pudiera frustrar el resultado de dicho tratamiento, la medida de prisión

provisional podrá ser sustituida por el ingreso en un centro oficial o de una organización legalmente reconocida para continuación del tratamiento, siempre que los hechos objeto del procedimiento sean anteriores a su inicio. En este caso el investigado o encausado no podrá salir del centro sin la autorización del juez o tribunal que hubiera acordado la medida.

Artículo 520

Cuando no se disponga de una declaración de derechos en una lengua que comprenda el detenido, se le informará de sus derechos por medio de un intérprete tan pronto resulte posible. En este caso, deberá entregársele, posteriormente y sin demora indebida, la declaración escrita de derechos en una lengua que comprenda.

Artículo 637

Procederá el sobreseimiento libre:

1.º Cuando no existan indicios racionales de haberse perpetrado el hecho que hubiere dado motivo a la formación de la causa.

2.º Cuando el hecho no sea constitutivo de delito.

3.º Cuando aparezcan exentos de responsabilidad criminal los procesados como autores, cómplices o encubridores.

Artículo 782.1

Si el Ministerio Fiscal y el acusador particular solicitaren el sobreseimiento de la causa por cualquiera de los motivos que prevén los artículos 637 y 641, lo acordará el Juez, excepto en los supuestos de los números 1º, 2º, 3º, 5º y 6º del artículo 20 del Código Penal, en que devolverá las actuaciones a las acusaciones para calificación, continuando el juicio hasta sentencia, a los efectos de la imposición de medidas de seguridad y del enjuiciamiento de la acción civil, en los supuestos previstos en el Código Penal.

Al acordar el sobreseimiento, el Juez de Instrucción dejará sin efecto la prisión y demás medidas cautelares acordadas.

Artículo 803 ter e. Objeto.

1. Podrá ser objeto del procedimiento de decomiso autónomo regulado en el presente Título la acción mediante la cual se solicita el decomiso de bienes, efectos o ganancias, o un valor equivalente a los mismos, cuando no hubiera sido ejercitada con

anterioridad, salvo lo dispuesto en el artículo 803 ter p.

2. En particular, será aplicable este procedimiento en los siguientes casos:

a) Cuando el fiscal se limite en su escrito de acusación a solicitar el decomiso de bienes reservando expresamente para este procedimiento su determinación.

b) Cuando se solicite como consecuencia de la comisión de un hecho punible cuyo autor haya fallecido o no pueda ser enjuiciado por hallarse en rebeldía o incapacidad para comparecer en juicio.